日建設計土木

誰も知らない

――その歴史と、ある土木技術者の奮闘

小澤 良夫
Yoshio Ozawa

竹林館

はしがき

筆者が入社した頃は、日建設計土木部門は正社員二十名程度でしたが、約二十年経った一九八五年頃には、実に一〇〇名を超すところまで成長してきました。また担当できる分野も多岐にわたり16の部門になりました。このような発展ができた理由としては、日本が高度成長期に入り、臨海工業地帯に鉄鋼産業や石油産業が競って工場の建設をし、多くのプロジェクトに恵まれたことや、歴史的に、日建設計土木の源流である大阪北港株式会社で培われた地盤や港湾の基礎技術が、脈々と伝承されてきたこともあります。しかし、何といっても日建設計という大建築事務所の強力な支援があって初めてなしえたと考えております。

戦後、公共事業が飛躍的に伸びる中で、日本の土木コンサルタントの多くは役所への補助的で労務提供者的な役割を担ってきました。しかし、日建設計土木は公共事業が投資の大半を占める土木の建設業界の中にあって、日建設計という強力な組織の援助で、他の土木のコンサルタントとは全く異なる発展を遂げてきました。土木部門が担当する施設の設計、施工監理の分野で、建築部門と同様に、常に施主（発注者）のパートナーとして、すなわち「オーナーズコンサルタント」としてプロジェクトに参画してきました。

日建設計には大変ありがたい制度があります。毎年一回、日建設計の退職者を招いて、現役の幹部の皆様と交流する「日建会」という会合です。東京と大阪で交互に開催され、必要な交通費も全て出していただき、一流のホテルで開かれる会場で、素晴らしい食事を楽しみ、旧交を温める楽しい会です。一昨年は東京の帝国ホテルで行われました。コロナ禍の影響で三年ぶりの開催でしたが、大変楽しく過ごさせていただきました。例年、帰りにおみやげもいただくのですが、その中の一つに、『誰も知らない日建設計』という書籍がありました。

この書は、建築設計部門に関する書でしたが、組織内に土木部門をもっている建築事務所は世界で唯一と考え、これが日建設計の特徴の一つであると考えていた筆者は、土木部門が存在していることをできるだけ正確に記録に残しておきたいと思いました。そして、日建設計土木がオーナーズコンサルタントとして種々のプロジェクトに参画してきたように、主体的にプロジェクトに参画するこのオーナーズコンサルタントの制度が、日本の土木の世界においても導入されることを切に願っています。

そこで、日建設計の比較的初期から中期の発展の時期に活動してきた一社員として、筆者が入社した一九六三年から二〇〇二年までの約四十年間の日建設計土木部門の歴史とその活動をまとめてみようと決心しました。

筆者は本書をまとめるにあたり、日建設計の全体の歴史を学んでおきたいと考え、調べますとこの目的にうってつけの二つの書物がありました。二つとも、当時日建設計の社長でありました薬袋公明《みないきみあき》氏がまとめられたものです。これらは、いわゆる紋切型の社史ではなく、一気に通読できるような物語風のものにしたいとの薬袋公明氏の強い思いのもとに作られたものです。

一つ目の書物は、一九九一年に発刊された、『北浜五丁目十三番地まで』です。今から約百二十五年前の一九〇〇年に日建設計の組織の源流となった住友本店臨時建築部が創設されました。それは、日本の近代化とともに活躍した設計事務所の歴史のはじまりです。この一九〇〇年から一九五〇年までのちょうど半世紀にわたる日建設計前史ともいえるその時代のことを広く語り伝えることのできる人、当時監査役をされていた小西隆夫氏がまとめられたものです。日建設計の前身についての語り部として、格調高く情緒豊かな文章で綴りながら、われわれに当時のことを整理し記録を残していただきました。

この書物が発刊されて約十年後の二〇〇〇年、二十一世紀のはじまりが日建設計の創業一〇〇年、会社設立五十周年の年にあたります。『北浜五丁目十三番地まで』の巻頭挨拶で述べられた「二〇〇〇年までに日建設計半世紀の物語をまとめたい」との薬袋公明氏の言葉どおり、二つ目の日建設計の歴史に関する書物、『北浜五丁目十三番地から』がまとめられました。

この書物は一九九九年に発刊されたもので、日建設計の第一期生として入社され、当時顧問をされていた橋本喬行氏がまとめられたものです。前半世紀の歴史と違って、後半世紀のことは、会社の皆様がつい昨日のことのように思い出せることを書くという難しさがあり、ご苦労されたことと思いますが、会社創設期の苦労の多かった時期から社会環境が激変する中で、会社がどのように対応し発展してきたかについて事実に基づいて見事にまとめておられ、素晴らしい記録を残していただきました。

これら二つの書物によって、日建設計の起源から、成り立ちや歴史など、非常によく理解できました。この二つの貴重な書物に勇気を得まして、まとめたものが本書であります。これらに比べますと拙いものではありますが、日建設計土木の生い立ちから現在に至るまでの活動の一端を、土木部門の初期から中期にかけて在籍した技術者として、少し詳しく残しておきたいと、強く希望しまとめたものです。

本書の内容と日建設計に対する謝辞

本書ではまずはじめに、日建設計の歴史について整理しました。日建設計は一九〇〇年に住友本店臨時建築部が創設された時が創業で、土木の起源は一九一九年に大阪北港株式会社が設立された時ですが、その後ユニークな成長を遂げてきました。

次に、入社後、筆者は主に構造物と地盤の相互作用を考慮した設計をテーマに地下構造物や鉄鋼や石油産業の施設基礎の設計、施工監理を担当してきました。これらの業務について記しますが、このようなテーマを実践していくためには、基礎的な知識の習得や土の基礎的な性質を調べるための実験などを経験することが必須の条件であると考えています。幸いなことに、筆者は大学や大学院の時にこれらを経験する機会に恵まれました。そこで本書では、入社後の業務について記述するに先立ち、筆者の技術者としての基礎を培った大学と大学院の時代のことも記しています。

筆者は日建設計に入社後、七年間設計監理の実務を学んできましたが、この頃地盤工学の分野に有限要素法（FEM：Finite Element Method）が初めて適用されました。筆者はこの方法の習得が今後の技術者生活に必須のものと考え、思い切って会社を休職し、この方法の利用技術が世界的に最も進んでいたアメリカのカリフォルニア大学バークレー校（UC Berkeley）に留学しました。本書では、取り組んだ研究内容のほか留学中の大学の様子や生活などについても述べています。

一九七三年、留学を終え帰国しました。帰国後は地下施設、鉄鋼や石油産業の基礎の設計、施工監理、これら技術に関連した海外のプロジェクトなどに参画の機会を得ました。技術者としては最も充実した時期を送ることができました。この時期、国内外で、大学の講義や学会での講演などをする機会も得ました。本書では、参画してきた種々のプロジェクトのほかこのような活動なども記しております。

さて、記述します技術内容ですが、土木工学の分野は非常に広いものです。本書では、筆者が担当してきました分野を中心に説明しています。一方、土木計画、美のセンスが必要な橋梁の設計、環境保全の要素を含む水質や水管理の問題には、触れることができません。したがって、日建設計土木の全体を知っていただくためには、この技術分野に関して、すでに発行された著書や日建設計土木の公式な文書を参考にしていただきたいと考えています。

これに加え、筆者は現在も小さなコンサルタント会社を運営しています。この会社は筆者が六十五歳になって日建設計を定年退職する時、京都大学の恩師である柴田徹先生から、面白いコンサルタント会社を作ろう、というお誘いを受けて、まだ体力的に元気であったことも考え、「構造地盤研究所」という会社を設立しました。

この会社については、本書の後半で記述しますが、柴田徹先生を頭に、大学の研究者と経験豊かな技術者が協力して、強力なコンサルタントの会社を作る、という目標をもってスタートしました。また、筆者の個人的な思い入れかもしれませんが、長年鉄鋼や石油産業の設備基礎を手がけてきて、これらの設備基礎は非常に息の長い基礎だと考えてきました。例えば、設備が更新されますときに、これらの基礎は新しい設備に対応して改造されることが多く、過去の設計方針が非常に重要になります。十年、二十年経過して、お客様から設計当時の問い合わせがあったときに、お応えしたいと考えていたことも、新会社設立のきっかけの一つでした。

本書の最後に、いくつかの海外旅行をまとめております。筆者は、多くの海外業務を経験しましたが、仕事においては自分のポリシーとして、出張のついでに観光のために何処かに立ち寄る、ということはしませんでした。出張の目的地に直行し、仕事が終われば直ちに帰国することにしていました。一方、本書に載せますこれらの旅行は、筆者が仕事以外に時間を見つけて行ったもので、なかなか一般旅行には組み込まれない、現在では不可能かもしれないものでした。学生時代所属していた山岳部の盟友笹谷哲也さんご夫妻が誘ってくれたものですが、種々の海外旅行に行きました。例えば、マンデラ大統領就任前の南アフリカとアフリカ大陸最南端への旅、ボツナワの国立公園であるオカバンゴデルタとチョベ国立公園でのボートや歩きサファリ、中華人民共和国のゴビ砂漠を横断して敦煌《トンコウ》への旅、新疆《シンキョウ》ウイグル自治区で天山南路から天山を越えて天山北路に抜ける旅、古都大理《ダーリー》への旅など、今では行けないかもしれない中華人民共和国の旅、さらに少し文化的にイタリアのヴェローナの音楽祭で三夜連続オペラの観劇など、全てが手作りで計画された旅です。これらの旅行記も加え、六十年にわたる種々の経験をまとめ、回顧録としました。

最後に、日建設計に対する感謝の気持ちを表しておきたいと思います。

筆者は個人的に六人の社長のご指導を賜りましたが、皆様土木に理解があり、ありがたく思っています。中でも、薬袋公明社長には積極的にご支援をいただきました。日建設計設立三十五周年を記念して日建設計土木設計事務所特集を業界紙から出版していただきました。これには土木界から反響があり、土木の先生方からも直接お手紙をいただきました。

日建設計では、組合活動に参加することも大切なことで、筆者は入社二年目に、勧められて組合の執行委員に立候補しました。土木の票だけではとても当選しないのですが、立ち合い演説会に建築の組合幹部の方の応援演説があり、おかげで当選、筆者の組合活動の出発点になりました。

土木の方々、先輩の方々を含め後輩の方々と一緒に多くのプロジェクトに加わり楽しく過ごすことができました。本来ならば一人一人のお名前をあげて御礼申し上げるべきところ、昨今難しいこともあり、個人名は基本的に省かせていただきましたが、改めて御礼申し上げます。

次に、本書の出版にあたり、お忙しい中作業をしていただいた土木と広報の方々には内容をチェックしていただき貴重なご助言をいただきました。御礼申し上げます。

以上、筆者が今日あるのは日建設計で働くことができたおかげと深く感謝しております。

目次

日建設計入社からカルフォルニア大学留学まで

米国カルフォルニア大学バークレー校（UC Berkeley）への留学

日建設計土木の地下施設への参画と掘削工事

阪神・淡路大震災

日建設計土木と海外業務

社外活動

海外旅行記

歩き遍路

日建設計の起源から入社までの日建設計の歴史

日建設計建築と土木部門の発祥とその後の活動

筆者は、入社前から日建設計の歴史について教えていただいていましたが、特に日建設計土木の歴史や他の土木コンサルタントと違った生い立ちであることと、参画するプロジェクトについて常に施主（発注者）の側にたってパートナーとしてプロジェクトに参画できることに興味をもち入社に至った経緯があります。

ここで改めて日建設計土木の歴史を整理しておきます。

この内容は、はしがきで説明しており、二つの名著、『北浜五丁目十三番地まで』と『北浜五丁目十三番地から』に示されていますが、より良く理解していただくため、組織の名称とその年代、日建設計の歴史について発行された書物などの関係を参考図に示しておきます。（次頁図）

日建設計工務株式会社（現株式会社日建設計）の創業は、建築部門の源流である、住友家が住友本店建設のため臨時建築部を創設した一九〇〇年です。その後、建築部門は事情により一時的に住友を離れて、長谷部・竹腰建築事務所を開設しました。

一方、土木部門の創業は、大阪市の大阪築港修築工事を住友家が肩代わりするために、大阪北港株式会社が設立された一九一九年です。

その後、第二次大戦が厳しくなった一九四四年、国の企業整備令に従い、住友本家は、住友の不動産部門、長谷部・竹腰建築事務所および大阪北港株式会社の三社を住友土地工務株式会社へ統合しましたが、戦後、ＧＨＱ（連合国軍最高司令官総司令部）の命令による財閥の解体により、日本建設産業株式会社へと名称変更しました。

この時、住友本家が長年の間認めてこなかった商事部門の設置を、大戦後の社会情勢を考え、認めました。一九五〇年、この会社の建築と土木部門が独立して、日建設計工務株式会社を設立し、さらに、一九五二年に、日本建設産業の商事部門が会社を継承する形で、住友商事株式会社を設立し、現在に至っています。参考図から両社の会社の関係がよく理解していただけると思います。

この中で、北浜五丁目十三番地は、一九五〇年の日建設計工務株式会社設立時の事務所の住所です。

なお、日建設計工務株式会社は一九七〇年に名称を株式会社日建設計と変更しています。

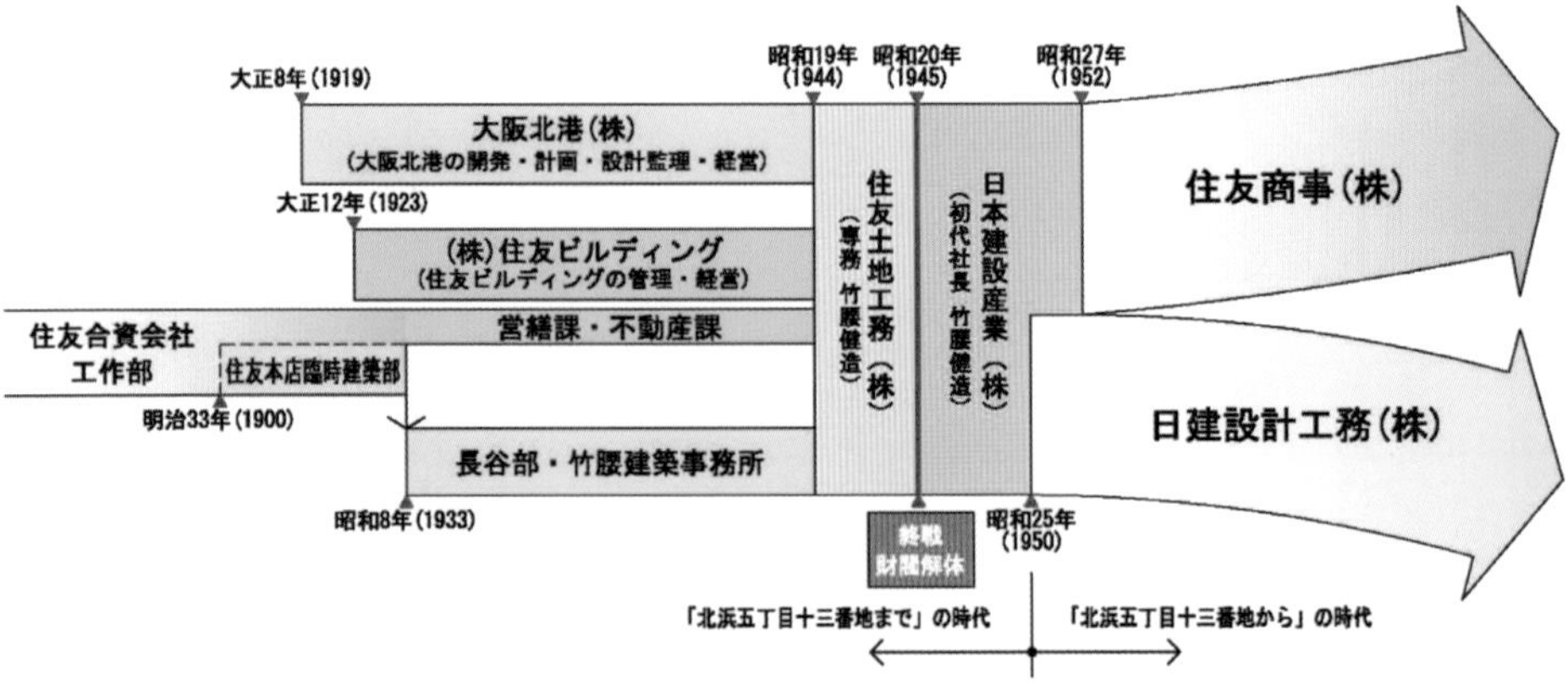

日建設計の起源から現在までの変遷

日建設計土木部門の起源とPFI事業の先駆け

日建設計土木部門の始まりは、前述したように、一九一九年（大正八年）、資金難で行き悩んでいた大阪市の大阪築港修築工事を、住友家が肩代わりするために設立された「大阪北港株式会社」に遡ることができます。この会社は、大阪港の北西部の正蓮寺川を浚渫《しゅんせつ》して航路を開設するとともに、大阪北港の改修と、海面埋立によって工業地帯を造成しようとする事業を、大阪市に代わって住友の事業として行うために作られた会社でした。

その経緯について簡単に述べますと、大阪北港の地域は市設大阪築港に北接した要衝を占め、地勢上、当然大阪市による改築計画に加えられるべきものでしたが、その地先海面に、旧幕府時代からの私有埋立権（大縄権）が在していたために除外されていました。そこで、住友本家が中心となって、会社と個人を含む関係地主および埋立権者が協議し、正蓮寺川地主組合を結成し、北港改築埋立工事計画を立て、一九一六年六月に関係各所に連名で工事願いを提出しました。

これに対し大阪市より修正要求が出され、種々の設計変更がなされ、最終的に正蓮寺川を大阪築港に連絡して港域を北方に拡張し、併せて同河川沿岸地帯を造成する計画修正案が承認されました。

このように大阪北港修築工事は、明治維新以来の種々の事情や大阪市の経済的な事情により住友家が受けもつことになったのです。一般的に、この種の公共工事は、昔も今もほとんど官公庁の手によって実施されるものですが、民間の手によって行われたのは、この北港修築事業が初めてのことである、とされています。

最近財政難をうけて、民間資金の活用による社会資本整備（いわゆるＰＦＩ：プライベート・ファイナンス・イニシアティブ）が話題になっていますが、大阪北港修築事業はまさに公共事業への民間資金と民間技術の活用のルーツとでもいうべきものです。

大阪北港株式会社の港湾工事への参画

大阪北港株式会社が開発経営してきた恩貴島《おき》、島屋、春日出《かすがで》、川岸、西島、桜島、常吉《つねよし》など大阪北部に連なる広大な地域には、住友金属工業、住友電気工業、住友科学工業などが相次いで進出し、一大工業地帯として発展を遂げました。現在、この土地の一部は地盤改良や土壌改良がなされ、大阪ユニバーサル・スタジオの敷地として使われています。（次頁地形図参照）

その後、大阪北港株式会社には、一九三〇年、北海道留萌港修築工事事務所長であった林千秋氏が工務課長、技師長として招聘され、大阪北港修築事業の技術部門の指揮をとることとなり、更に技術

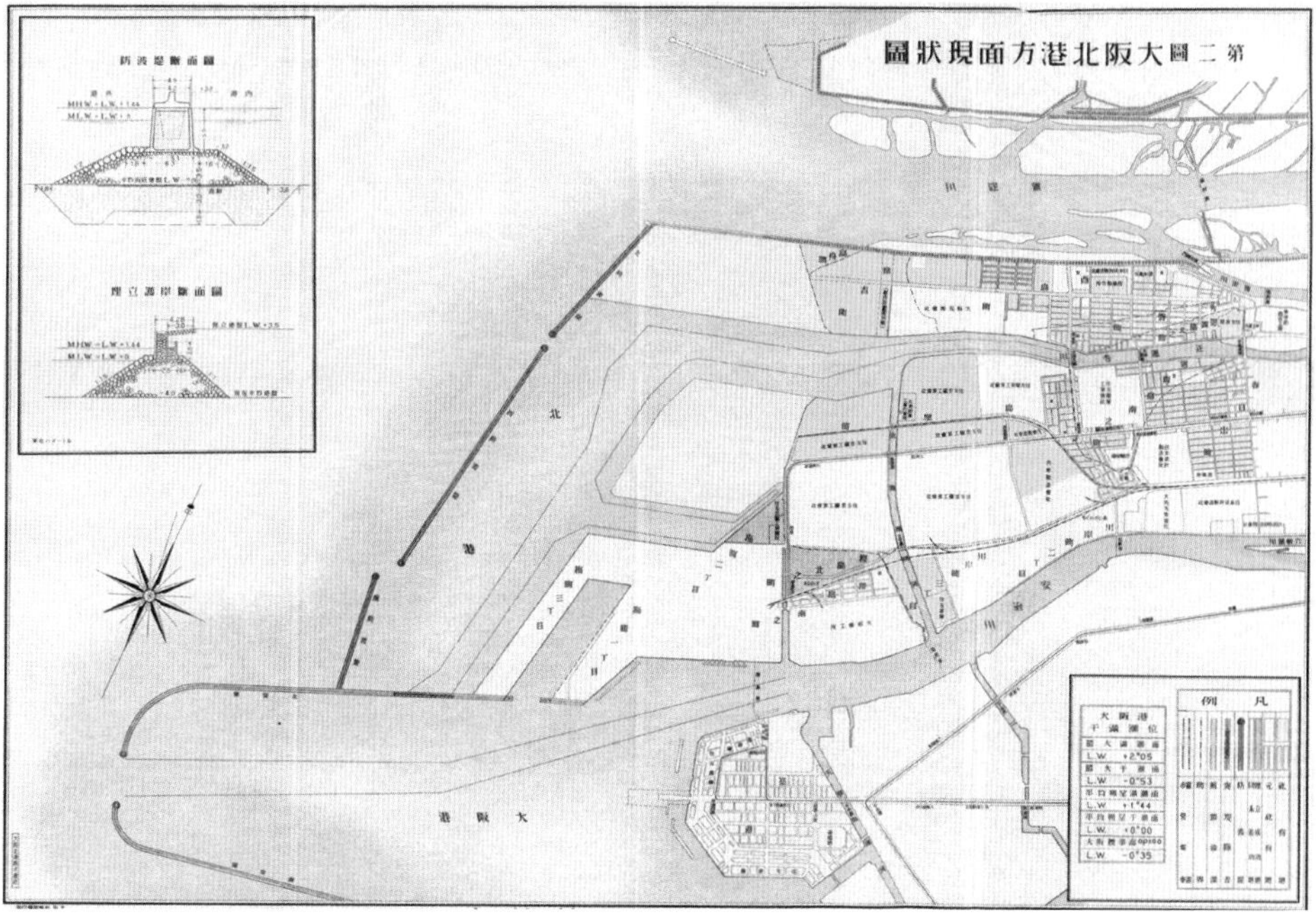

大阪北港株式会社が開発した土地（『日建設計 115 年の生命誌』より）

力が強化されました。

大阪北港株式会社の土木部門は、このように北港修築で発揮した技術を買われ、一九四〇年、製鉄会社が鉄鋼一貫作業のため必要となる高炉などの製銑設備の新設のため求めた、和歌山市の海岸地帯での港湾の建設にもあたっています。

日建設計土木部門と我が国の建設コンサルタントの生い立ちの違い

上述しましたように、日建設計の土木部門は、本来、官公庁の手によって実施されるべきものである、大阪北港修築事業を民間の手によって行うために設立された組織から出発し、プロジェクトの企画、計画から設計、施工監理まで全て担当することができる組織として訓練され、種々のプロジェクトに参画してきました。すなわち、事業主のパートナーとして活動してきました。

一方、我が国の土木の設備投資は、八割から九割近くを公共投資が占め、我が国の土木の建設コンサルタント会社は、長年の間、発注官庁のインハウス技術者の補助者としての役割から出発しました。現在はかなり変わっていると思いますが、当初は実施設計の作業のみを担当し、企画、計画、調査や監理などの作業には参画できなかった、と考えられます。すなわち、企画から施工監理までの一貫した責任を担うことができなかったのです。これは、あるプロジェクトに対して主体的に参画するコンサルタントとは認められず、常に労務提供者的な立場で参画していることになります。このことは日建設計土木の役割と大きく異なっています。

在日米軍日本建設本部（ＪＣＡ）の業務

日建設計と他のコンサルタントの違いが認められた一例に、米軍日本建設本部（ＪＣＡ）の仕事があります。第二次大戦の終戦後、米国の占領軍の施設の工事は日本政府の調達庁を通じて占領軍の命令として行われていましたが、一九五一年の対日講和条約締結後、米軍の直接契約に改められました。米軍は日本の設計事務所を調査した結果、土木部門を併設していることを評価し、日建設計と契約することになりました。一九五二年から一九五五年の約三年間、継続的に仕事が発注され、戦後ようやく復興の緒についたばかりで目ぼしい建設需要のなかった当時としては、このＪＣＡの仕事は大きな収入源となり、日建設計工務にとって「干天の慈雨」のようなものでした。

米国流のプロジェクトマネージメント方式の習得

ＪＣＡからは、土木、建築および設備の混成メンバーからなる米国流のプロジェクトの進め方を、すなわち、プロジェクトマネージメント方式で進めることを求められました。また、図面や仕様書なども、米軍の設計技術基準に則り、英語で作成することが要求されました。この英語による仕事の中で、米国の新技術も吸収し、設計仕様書の内容や組み立て方なども取り入れていきました。

これらのJCAのプロジェクトでの経験は、年月を経て、多くのプロジェクトで業務を遂行する原点となっており、この方式が、一九六二年に日建設計工務がプロジェクトマネージャー制度を明確化した原点となっています。

筆者の関係した土木に関する業務の多くは、設計ばかりでなく、施工監理者として、施設が完成するまで関係することができました。

この経験は、関係した多くの海外プロジェクトでも、自然体で臨む組織づくりの原点になりました。

土木工事における設計施工分離型の中立な集団による建設進行方法

このように、日建設計土木の技術者は、欧米のコンサルタントと同じようにコンサルタント業を進める能力と経験をもっています。日本では企画や設計から施工まで総合施工業者（ゼネコン）が担当する工事体制もよく見受けられますが、日建設計土木部門が現在まで参画した民間の施設では、企画、計画、設計を施工と分離し、施工時には独立した組織体として施工監理を行う、「設計施工分離型」の建設方法で作業を進めています。施工業者との関係を一切断って、常に事業主の立場に立って問題を解決していく姿勢が評価され、事業主から種々の施設を建設するためのパートナーとして信頼されています。まさに、建築事務所が担っている役割を土木部門のプロジェクトでも担えることは、非常にやりがいのある業務であり、大変ありがたいことです。

筆者は、生涯の技術者経験から、土木技術者がこのような役割を果たすためには優秀な技術者を育成することが重要であると考えており、それは日本の建設業界が今後も世界に伍して発展していくためにも重要であると考えます。技術者が企画、計画の段階からプロジェクトに参画し、必要な調査を計画、実施し、この情報を基に設計し、工事中は施工監理を通じて確実に計画どおりの施設の建設を指導的に行うこと、すなわち、オーナーズコンサルタントの役割を担うことは非常に重要であり、技術者の育成にも大いに役立つもの、と確信しています。

日建グループの「多様性という力」

日建設計は、終戦前後の混乱期の中で生まれたある種の偶然と必然により土木部門を有することになりました。しかし、建築事務所の中にしっかりとした土木部門をもつということには、当時は予想もできなかった大きな意義がありました。この意義と恩恵はその後の日建設計グループ全体に及び、現在に至っていると考えています。

しっかりとした土木部門が建築事務所の中にあって、独立して活動している組織は、世界的に見ても日建設計だけです。さらに、組織内に測量や地盤調査など調査部門があって、日建設計グループの担当する業務に必要な「基本的なデータを最も信頼できるところから得る」という、プロジェクトの計画、企画、設計、施工監理を行うものにとって、大変ありがたい環境にあります。

例えば、一時非常に盛んであった大学の郊外移転計画では、丘陵地を切り開いて敷地を造成しなければなりません。これを土木と建築が別々に計画しますと、まず、樹木を伐採して、平坦な敷地を作ってから、建築計画が進められます。緑地がどれだけ新しく計画されても、完全には元に戻らず、時間もかかります。一方、土木と建築が同じチームで協働しますと、建築計画に従って、必要なところだけ、できるだけ樹木を残す形で造成することが可能で、より良い環境の施設の構築が可能となります。

地下街や地下駐車場の場合、一般に、建設場所が公共の地下空間の場合が多く、施設の構造設計は土木基準で行わねばなりません。一方、地下施設には重要な防災計画、避難計画、照明計画、店舗の設計、など地下空間に必要な計画や設計があり、これらは全て建築部門で担当しなければなりません。

このように、日建設計の組織内に土木部門があって、種々のプロジェクトに対して協働で対処できるということ、すなわち、日建設計は「多様性という力」をもった設計事務所であることが利点であり、他にない特徴と自負しています。多様性こそ、日建グループの「力」の源泉の一つと確信しています。

設計を担当する施設の測量、地盤等のデータは一切を自分達の手で

すでに述べたように、戦後の日建設計工務の独立に伴い、大阪北港株式会社の技術力は日建設計工務の土木部門に継承されました。港湾の築造や海面埋め立てによる造成では「土質」が非常に重要な技術課題であったため、大阪北港株式会社には「土質」に関する技術が蓄えられていました。

一九五三年に、日建設計の建築事務所長であった塚本猛次氏（後の代表取締役社長）の強い要請により、土木部門の中に、土質調査部門を整備することになりました。この部門は、すでに大阪北港で築かれた技術的な実績や人材を継承し、ボーリングや土質試験などの一切の調査業務を実施することができる能力と実績がすでにある程度ありましたが、次のような事情により、更に調査能力を高めることが必要でした。

この頃、建築界では本格的な中高層のビルディングの建設が始まっていましたが、基礎の設計のための地盤調査技術は低水準でした。そのため、信用のおける資料を得るためには、自社で調査を行うことが最善であると思われ、その能力を高い水準で獲得する必要がありました。

要請を受けた土木部門は、技術者を京都大学工学部土質工学教室に派遣し、当時研究が始まったばかりの基礎的な土質力学の知識を学びました。

採取した試料に対する土質試験の技術もすでにある程度習得してきましたが、土の物性を調べる物

理試験から、力学的な圧密試験や三軸試験などのさらに高度な試験方法を習得すると共に、これらの試験装置を社内の土質試験室内に整備する必要がありました。

一方、現場のボーリング作業も手探りで始め、数年後にはロータリーボーリングや標準貫入試験などの技術を習得しました。更に粘土の資料採取に不可欠のシンウォールサンプリングの技術にも挑戦し、見事に試料採取に成功しました。

このように、設計する施設の地盤の現場での試料採取の作業からこれらの土の特性を検査する作業まで全て自社の技術者が行う「自ら調査した確信のもてるデータに基づいて建物の設計を行う」という理想的な体制が確立されました。

建築と土木の設計・施工監理に必要な測量技術の習得

測量業務は建築と土木の設計・施工監理の業務を遂行するうえで、非常に重要な作業であります。敷地の境界線や官民境界の確認や敷地広さの精査、土質調査など種々の調査位置の確認、施工中障害物の調査や土壌汚染などの範囲の確認など、多岐にわたる業務が含まれます。

日建設計土木は設立間もない頃から前身の北港株式会社の関係もあって、種々の測量技術を習得してきました。更に、この関係からガス会社から高圧ガス配管工事のための測量などの業務も受託しました。この業務は危険物に関する施設の測量設計であるため、発注者から厳しい品質と工期の遵守を求められましたが、今まで培ってきた技術力で無事業務を遂行できました。

このように、いろいろな条件のもとで、業務を担当してきますと、自然に測量技術も向上し、以後の建築と土木部門に必要な、どのような測量業務も担当できる技術を習得できました。

戦後の復興期、種々の工場建設に大きく寄与した土木部門

工場設計が日建設計において業務の半分近くを占めたときもあり、またその実績が現在の日建設計の展開に大きく寄与したことは歴史的に明らかです。

広大な製鉄工場を作るには、土地造成設計や重量機械の基礎の設計などの土木設計も不可欠であり、大規模工場プロジェクトでは建築・土木の業務を一体的に遂行できる体制が必要ですが、日建設計には、土木部門があったからこそ製鉄工場の設計監理が可能となり、戦後の厳しい時代を生き延びることができたといえます。

また、日建設計が参画した鉄鋼工場や石油化学プラント工場の多くの施設は臨海工業地帯に建設さ

れ、この地帯の地盤は一般的に軟弱で、多くの地盤工学的な問題が含まれていました。
このことからも、日建設計の土質調査部門の技術が問題解決に大きく寄与したと言えます。

日建設計の社内株主制度と独特な職員組合

社内株主制度

一九四五（昭和二十）年の終戦直後、ＧＨＱの命により住友財閥が解体されることになり、住友本社の人員および住友関連各社の復員・引揚者の受け入れ先となる新規事業会社として、商事部門を新たに設けた日本建設産業株式会社が設立されました。

一九五〇（昭和二十五）年、日本建設産業から設計監理部門が独立し、日建設計工務株式会社が設立されました。その初代社長は尾崎久助氏です。設立当初の全株式は日本建設産業により保有されていましたが、日建設計工務の経営がかろうじて軌道に乗り始めた二年後、日本建設産業より全株式が、尾崎久助氏以下十五名に譲渡されました。この時に、竹腰健造氏の薫陶を長く受けていた尾崎久助氏たちは、全株式を社外に出さない方針を確立しました。これが社内株主制度の始まりです。日建設計工務の設立時に中心となった人々は、建築設計事務所の法人形態としてあるべき姿について、竹腰健造氏の信念を引き継いだのです。

この独立以来、現在につながる日建設計は、社内株主制度を固く保持し、社外株主による外部資本に左右されない自主独立の経営の基礎としてきました。外部の株主のために利益を上げる会社ではなく、建築設計事務所として、あるべきと信じるプロフェッションを遂行する法人組織であり続けているのです。

欧米では法律により、弁護士事務所・会計事務所そして建築設計事務所は、全て自己資本とするよう定められており、外部資本が入ることが禁止されています。その理由は、これらの職能がもつ社会的責任の大きさから「プロフェッショナルな倫理に基づいて職能が遂行されるべきであり、そのためにも外部資本の影響があってはならない」ということにあります。このような法人形態は、欧米ではプロフェッショナル・コーポレーションと呼ばれており、法制化されています。

一方、日本では特にこのような法律規定はありません。もし日本で、建築設計業務に関してこのような法律を実施すると、工務店やゼネコンによる設計施工も普及している現状では、微妙なことが生じる可能性があります。

このように、日建設計工務は、まさに設立の時に、建築設計事務所のあるべき姿として欧米では法制化されているほどに重視されているプロフェッショナル・コーポレーションという組織デザインがなされていました。この事実はあまり知られていませんが、日本では画期的なことだったと考えています。

日建設計職員組合

日建設計には世間によくある教条主義的な組合でなく、経営に対するチェック・アンド・バランスの機能を果たす独自の関係を創造する職員組合があります。

一九五五年、大阪、東京、名古屋で職員組合が結成され、会社側も誠心誠意対応することになり、日建設計を語るうえで、欠くことのできない歴史的な出来事となりました。

当時の職員組合のリーダーは、あくまで企業内組合として労働条件というよりもむしろ仕事のうえでの社員の使命感、満足感を充足することに重点をおかれ、経営に積極的に参画するという意思をもっておられたそうです。

このような意識のなかで、一九六二年、大阪の職員組合から組合の基本となる声明文が出されました。

この声明文は格調の高い名文であり、ここでは全文までは掲載しませんが、筆者なりに理解している内容は次のとおりです。

「日建設計には、経営者＝資本家というものは事実上存在せず、日建設計の経営者は経営を信託されているのであるから、一般職員の集団のあり方も単にやとわれた労働者に関する問題の解決のみでは不十分である。信託された経営者は常に努力を惜しまず、同様に職員もこれに協力していかねばならない。組合は共存を目的として生ずる矛盾を解決するという立場に立って、あくまで両者一体であり、この集団の繁栄を願うものである。」

ちなみに、この声明文を起草されたのは、当時、三十歳前半の青年建築家であり、後に一九八三年から十年間にわたり社長を務められた薬袋公明氏でした。

このように、会社の経営者と職員組合の代表者がいろいろな社内の問題を協議する場を経営協議会と呼んでいましたが、組合の代表をしていた方が後に経営者になって、協議の場に出られることも多いというのも特徴でした。筆者もこの両者を経験しました。

日建設計入社前の大学と大学院時代の活動

生涯の技術生活の基礎ができた大学と大学院の生活

本書をまとめるにあたり、筆者が日建設計に入社する前の京都大学で過ごした大学時代と宇治市の防災研究所で過ごした大学院時代のことや勉強や研究、実験や現場経験、先輩や同級生との交流は、以後の筆者の技術者生活に非常に重要で、この時代の経験や交友がなければその後の生活も非常に変わっていたと感じました。そこで、この時代のことや経験などについて、筆者の技術者生活の基礎としてふれることにします。

大学時代の研究

大学三回生からは、専門の授業の講義ですが、筆者は構造力学が好きで、当時、将来は本州四国の連絡橋の設計者に、という夢をもったこともありました。しかし、専門分野を選ぶ時、地盤工学が新しい工学部門であることに大きな魅力を感じ、国鉄関門トンネルの主任技師など種々の現場経験をもっておられた村山朔郎先生の研究室にお世話になることにしました。

村山先生は、一九三五年、京都帝国大学工学部土木工学科を卒業され、鉄道省に入省されてから間もない時期に、主任技師として関門トンネルの設計を担当されました。当時、戦争色の強い社会情勢を反映して、外国からの技術援助は得られず、日本におけるトンネル施工の経験と知識をもとに、まさに手探りという状態で設計を行なわれた、とお聞きしました。その後いろいろな地盤の問題の解決や建設現場などで指導されて、地盤工学の重要性を認識され、土質力学部門を開設されたとのことで、やはり非常に新しい学問であったことが決め手でした。

大学の卒業論文は赤井浩一先生の指導のもとで行いました。赤井先生は、村山研究室の一期生、土質力学の研究で当時世界で最も進んでいたノルウェーの地盤研究所であるＮＧＩへの留学から帰られたばかりの新進の研究者でありました。先生から与えられた卒業論文の研究テーマは、せん断時の粘土の間隙水圧の挙動の研究でした。

これを説明しますと、地下水以下の地盤では、土の粒子の間が水で満たされていますが、例えば、地盤の上に盛土されると、地盤の中から水が出ていって地盤は沈下します。このように土の中に含まれる間隙の水の動きを究明することは地盤の挙動を調べるために非常に重要で、これを実験室で再現して、その性質を調べる研究です。

間隙水圧を測定しながら、三軸圧縮試験を実施すること、この二項目を満たした実験は当時では最新のものでした。

三軸圧縮試験とは、土の強さを調べる試験で、土中にある土が受けていた圧力と同じ状態を実験室で再現するため、上下・前後・左右の三方から圧力をかけながら、土の強さを調べる実験です。

間隙水圧を測定するために必要なことは観測装置から完全に空気を抜くことです。この試験を実施するにあたり、空気が実験装置内に混入するのを防ぐため、水中で供試体を実験装置にセットしなければなりませんが、厳冬期の暖房のない部屋での実験で、手が凍えるように冷たかったことを、今でも覚えています。

大学の卒業論文は「飽和粘土のせん断における間隙水圧の挙動について」でした。

大学時代はその他、クラブ活動として、京都大学山岳部に所属していました。一回生で少し遅れて入部したことや、京都大学土木工学科のユニークな制度で、三回生の夏休みと四回生の春休みは、必修科目として、建設省や運輸省（現国土交通省）に実習生として研修する制度があって、山岳部としての活動はあまりできませんでしたが、多くの素晴らしい友人や妻との出会いなど、その後の人生に大きな影響を及ぼしました。苦境に立っても、諦めずに、必死で立ち向かう精神や八十五歳まで健康で活動できる原点にもなった、と考えています。

大学院時代の研究

大学院の間は二年間、京都府宇治市にある京都大学防災研究所で研究生活を送りました。指導教授は、赤井先生が教授に昇進されたので、当時、助教授であられた柴田徹先生が指導してくださることになりました。柴田先生は、粘土のダイレイタンシー特性を調べ、世界的に有名な粘土の力学的モデル、カムクレイモデルと本質的に同一のモデルを発表された、新進の学者でした。

ダイレイタンシー特性とかカムクレイモデルなどの言葉は、土に関する非常に難しい内容ですが、簡単にいえば、例えば、前述した地盤に盛土がされると、地盤は沈下しますが、設計に携わる技術者はこの量を計算しなければ設計ができません。このためには計算式が必要です。この計算式を柴田先生が種々の実験結果から、初めて理論的に導き出されたものとご理解ください。

一方、柴田先生は、京都大学の教官になられて初めての講義が、筆者が三回生の時のクラスでの土質力学の講義でした。先生の最初の生徒であったこともあり、同級生にとっては、兄貴分のような存在の先生でした。

非常にユーモアに富んだ先生で、黒板消しをドアーの間に挟んで、入って来る人が落とすとワーと騒いだり、「ドボーン」というカードゲームで遊んだり、よく遊び、よく勉強した研究室でした。

修士論文の研究テーマは「砂の動的な性質に関する研究」で、三軸の圧縮試験機を作成し、軸方向に動的荷重をかけて、砂の動的な性質を調べる研究でした。

この研究に使った動的三軸試験機は、当時宇治の防災研究所内に開設されていた工務室の技官の方に制作していただきました。非常にベテランの方で、真鍮材を旋盤で削って、計画どおりの試験機を制作してくださいました。

現在では、砂の液状化という現象はよく知られていますが、筆者が研究を始めた頃は、この現象が我が国で初めて発生した新潟地震の前であり、当時は液状化という言葉もなく、この現象は研究されていませんでした。筆者の研究テーマは、地震国の日本で、砂に振動力が加わった時、どのようになるか、を調べようとしたもので、非常に初期の研究でした。

筆者の研究成果は、砂に振動が加わると、ある振動数で砂の強度は弱くなる、ということがわかった程度で、残念ながらしっかりした成果を学術雑誌に発表するまでには至りませんでした。

この研究は、後輩に引き継がれ、水平方向への振動も与えた実験も行われました。ちょうどその頃、砂の液状化を発見された有名な Bolton Seed 先生も防災研究所を訪問されたそうですが、もう少し早く試験の方法や載荷方法を改良できていたらと、今でも非常に残念に思っています。

製鉄会社の四日市への進出の可否を決定するための土質試験

防災研究所で、思い出深いものの一つは、大学院一回生の時に行った土質試験のことです。当時、某製鉄会社が四日市市沖合に進出を計画され、その可能性の評価のうち、土質問題を村山先生が担当されることになりました。このため、この地盤の実験を村山研究室が担当することになりました。

土の実験に必要な地盤サンプルとして、粘土を現場の地中にあるがままで乱さない試料が必要です。これは、土の性質として、土は一旦乱すと非常に弱くなる性質があるからです。この乱さない試料を採取するため考案されたシンウォールサンプラーという、直径が約90㎜の円形で、肉厚が非常に薄いサンプラーで採取された、乱さない試料が大量に持ち込まれました。

シンウォールサンプラーから特殊な機械を使って粘土の試料を押し出して、乾燥を防ぐためにパラフィンで保護保管し、順次種々の土質試験に使いました。

この土の試料の物理的、力学的な特性を調べる実験を研究所で実施するため、土質実験を当時の大学院一回生が担当することになりました。柴田先生と二回生の松尾稔さん（後に名古屋大学総長）を指導者に、軽部大蔵さん（後に神戸大学教授）、八木則男さん（後に愛媛大学教授）、梅原靖文さん（後に運輸省港湾技術研究所副所長）など、錚々たるメンバーと共に、朝から晩まで、来る日も来る日も、土質試験を実施しました。

一般の地盤では、土の粒子と粒子間の空隙は水または空気の混合体から成っていて、地下水以下では土の粒子と水から成っています。

物理試験とは、土の粒子が、細かいものから粗目のものまで、どのような直径のものが混じっているか、土の粒子と空隙（水と空気）の割合、土の単位体積あたりの重量などを調べるもので、地盤の性質を決める非常に重要な要素です。

一方、力学試験とは、例えば、地盤に盛土などが置かれた場合、どの程度の重さのものを支えることができるかという、強さを調べるための一軸または三軸圧縮試験と、荷重が載荷された場合どの程度の沈下が起こるかという、沈下の性状を調べる圧密試験の二種類の試験が主なものです。

筆者らが行ったこれらの土質試験は、非常に質の高い土質試験で、その結果を参考に、村山先生が製鉄所の進出の可能性を判定する会議に参加されました。

判定結果は、地盤があまりにも軟弱で、残念ながら当地への進出は断念されたようでした。

大学院一回生で行った種々の土質試験の技術的なレベルは、当時では最高のレベルであると考えられ、現在の技術レベルに比べても相当高度なものと考えられます。このような機会に恵まれたことは、将来の技術者生活にとって、大変有益でありました。

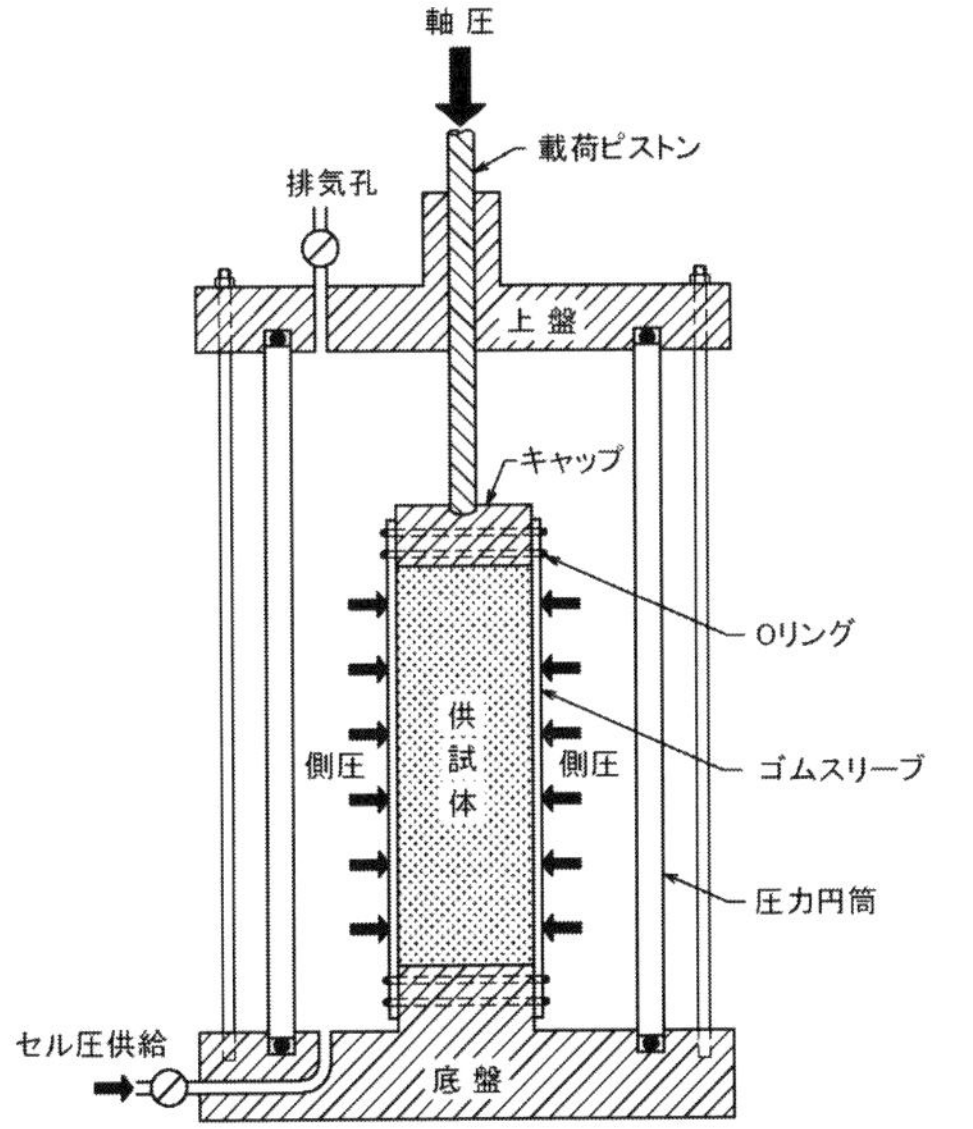

三軸試験機の原理

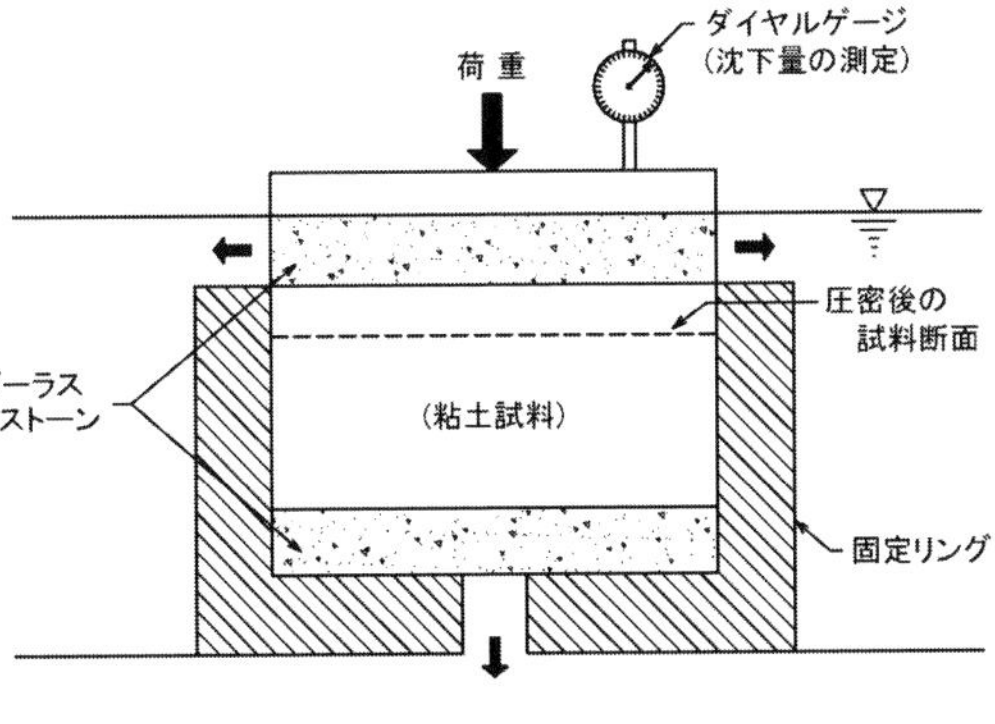

圧密試験機の原理
(固定リング型)

余談になりますが、土質試験をしていた作業をアルバイトにしてくださったこともあり、余裕ができたのでしょう、柴田先生、松尾先生と共に、仲間とよく京都の祇園町に飲みにでかけました。飲みながら、結構難しい話題を大きい声で議論していたようで、飲み屋さんにご迷惑をおかけしていたことと思いますが、ここでは不思議なことに飲めども、飲めども、ビールがなかなか減りません。後で聞いたことですが、常連のお客様が飲み物を学生たちのために差し入れしてくださっていたようで、非常に安く飲ませていただきました。京都の街らしい雰囲気が残っていたのではないかと感謝しているところです。

原書で土質力学の基本となる本を読み切る読書会

もう一つ大学院一回生で忘れられないことは、当時大学院二回生の松尾稔さん、森本裕士さん（建設省東北地方建設局長で退官）、小谷章さん（防衛省、陸軍大将で退官）が計画された読書会に、一回生でしたが、お願いして参加させていただいたことです。読書会のテーマは土質力学の基本となる土の物理的な性質や力学的特性で、これらの応用問題や実例が含まれる、Donald W. Taylor 著『Fundamentals of Soil Mechanics』が教科書でした。読書会は持ち回りで行い、会場は各家庭で、夕食を用意していただく形式でした。

他の三人の方々は一年上で、この一年の差は如何ともし難く、筆者が間違った解釈をすると、すかさず、森本さんから得意のジョーク、「雉も鳴かずば打たれぬものを、いらぬ殺生したなア」、と。打たれても、打たれても、鳴き止まない筆者でした。

食事も終わって、お酒も少し入った所で、誰かしらから「行こまいか」。それから京都の祇園町に繰り出して、飲み会です。こんなことをしながら土質力学の基本となる有名な本を原書で読み切るという、楽しく思い出に残る読書会でした。この読書会で学んだことは、生涯大変役に立ちましたし、土質技術者として、大きな自信となりました。

本四横断送電線　本州側、忠海《ただのうみ》の建設現場で、現場見学と原位置試験の実施

大学院二回生になった頃、村山先生が本四横断の送電線の本州側の送電線の鉄塔の基礎に関するコンサルタントをされ、現場見学と簡単な地盤の現場実験のため忠海の建設現場を訪問しました。

現場の地盤は主として「真砂土《まさ》」でした。真砂土は花崗岩が風化してできた砂状の土壌であり、自然状態に近い真砂土は岩石としての特徴を残しているため、ある程度の粘質土的特性を残しています。

一方、風化や流出、攪拌などによってそれを失った真砂土は完全に砂質土化します。

一般的に土は、砂でも粘土でも、一度乱してしまうと強さが非常に小さくなる性質をもっています。鉄塔の基礎地盤となる真砂土も乱されると、強さが非常に低下するため、基礎構造を構築するために必要な堀削は、できるだけ真砂土をそのまま、乱すことなく行うことが肝要である、と判断されました。

もう六十年近く前のことで、正確には覚えていませんが、基礎の深さは10m以上あり、基礎周辺の真砂土は非常に急な角度、垂直に切り立つような角度で掘られていたことを覚えています。

ここで、現場の密度試験や土の剛性を表す弾性波の測定など、種々の実験を行いました。


本稿を書くにあたり、いろいろな文献を調べますと、この鉄塔は、瀬戸内海を横断して本州の広島変電所と四国の伊予変電所間を結ぶ220KV送電線である中四幹線のための鉄塔であり、本送電線は、一九六二年に電源開発株式会社により建設された、とのことでした。

文献には、「村山朔郎先生が特に重要な鉄塔基礎周辺の地質調査、懸念される地点について試掘や載荷試験、繰り返し載荷試験、基礎上引耐力試験、埋戻土に対する締固めの試験などを指導された」ことも明記されていました。

楽友土質研究会

村山研究室では、楽友土質研究会という、研究室の先生方と卒業生との親睦会を兼ねた研究会が定期的に開催されました。村山先生、柴田先生や松尾先生を中心に、八木則男さん、軽部大蔵さん、太田秀樹さん（後に東京工業大学教授）など他の大学に移られた先生方と、大手鉄鋼会社に就職された先輩や後輩の方々、建設会社に就職され、筆者と共に研究会の幹事役をしてくださった方などが主なメンバーで、山岳部の一年先輩で、建設省（現国土交通省）技官から参議院議員になられた岩井国臣さんも時々出席され、毎回二十名程度参加された研究会でした。非常に真面目に、当時の地盤工学上の問題点を学者と実務担当者が議論する研究会でありました。その後、楽しい懇親会、さらに一泊して翌日ゴルフなどで楽しく過ごしました。

筆者にとっては、後に業務を実際担当することになって、この研究会関係者の応援などもいただいて、生涯の思い出に残るプロジェクトに参画することができるキッカケとなりました。非常に有意義な、ありがたい研究会でした。

以上のように、筆者の大学院での二年間の学生生活は、修士課程の勉強や修士論文の作成という、本来の目的の他に、現在でもかなり質が高いと考えられる土質実験の実施、原書で土質力学の基本となる教科書を読み切る読書会、大型基礎の現場の地盤実験への参加、現役と研究室卒業生との交流となる研究会など、非常に充実した時を過ごすことができました。

また後述しますが、技術士の資格を、必要となる最少経験年数の七年間で取得するにあたり、大学院の二年間は技術士試験の実務経験に加算していただくことができました。

日建設計入社からカルフォルニア大学留学まで

日建設計工務株式会社への入社

今から約六十年前、筆者は京都大学大学院修士課程（土木工学専攻）を修了し、一生を左右する就職先を選ぶ際、大学の恩師の村山朔郎先生に薦められた大学に残って学者になる道も、国家公務員試験を受けて公務員として働くこともどちらもあり得る道だと思っていましたが、最終的に、日建設計にお世話になることにしました。

これは、村山先生も日建設計の土質試験の指導をされていて、会社のことをよく知っておられたことや、大学院時代に日建設計の土木部門代表であった清水勝馬氏や研究室の先輩が度々研究室に来られ、いろいろと日建設計のことについて教えていただき、「日建設計は既に五十年以上の歴史がある」とか、「プロジェクトの事業主のパートナーとなって、仕事を進めることができる」など、説明していただいたことも就職を決めるポイントとなりました。

しかしそれからが大変でした。建築が主流の設計会社に土木技術者が入社することは意外なことであったため、当時、学生の就職について指導されていた大学の多くの先生が反対でした。しかし、卒業後できるだけ早く実務を経験したいとの思いと、日建設計ならかなり主体的に業務を遂行できるということが決め手となって、日建設計にと決心しました。

日建設計土木部門の生い立ちと技術者としての生涯の目標

入社前に「日建設計の土木部門は、その生い立ちとして、一九一九年に大阪北港修築事業に参画して以来、建築事務所の一部門を構成し、民間の建設コンサルタントとして、企画から計画、調査、設計、施工監理に至るまで一貫して行う能力が培われている。したがって、事業主から種々の施設を建設するためのパートナーとして信頼されている、すなわち、オーナーズコンサルタントとして認められている」と聞いていました。

しかし入社してみますと、日建設計の中で、建築部門は人材も経験も、また職場の環境や雰囲気も、なにか別会社のような感じがしました。更に、建築界で置かれている社会的な地位も土木とは異なっていました。当初は少々がっかりしましたが、今から思うと、土木部門を建築のような立派な部門に育てていく、という新たな目標ができたように思っています。

もう一つ技術者として生涯追い求めたことがあります。それは恩師の村山朔郎先生から卒業に際して贈っていただいた、「これからは変形を考慮して設計しなさい」という言葉からスタートしています。関門トンネルで、シールド工法を提案され、見事トンネルを完成され、その後、凍結工法を軟弱地盤内のトンネルの工事掘削に応用され、また数多くの現場を指導された経験からいただいた言葉であると重く受けとめ、これを実践していくことを生涯の目標にする、と覚悟を定めたことでした。

実際の構造物の設計を始めますと、当時の構造解析では、まだコンピューターは十分利用されておらず、変形法と呼ばれる構造解析はまだ利用されていませんでした。できるだけ未知数を減らすために、撓角法と呼ばれる方法が利用されていました。この方法では、各構造ごとに構造部材の応力バランスを図る計算式を立てる必要があり、構造力学の専門知識が必要となりました。

実務に就き、土木の設計と施工監理を行うにあたり、事業主のパートナーの役割をになうこと、すなわち、「オーナーズコンサルタントになって、建設工事を進めていく方法を確立すること」と、「変形を考慮した設計方法を確立していく」という二点が目標となりました。本書でも、この二点に主題を絞って、入社後の業務についてまとめていくことにします。

埋め立てた軟弱地盤における地盤改良杭の実物大載荷実験

筆者が日建設計入社後初めて参画した業務です。これは、一九六〇年頃に砂の締固め杭として開発されたコンポーザーパイルの実物大の現場実験で、軟弱地盤中に打設された締固め杭に直接荷重をかけて、砂杭の強さを検査しようとするものでありました。

コンポーザー工法は、振動する中空管を用い、貫入、引抜き、打戻しを繰り返す「打戻し式施工」によって、軟弱地盤中に直径が60㎝から80㎝と、直径が大きくよく締まった砂杭を造成し、地盤の安定を図る工法で、サンドコンパクションパイルの代表的な工法として広く用いられていました。

このパイルの施工法の原理考案者は、恩師の村山朔郎先生と不動建設株式会社の社長であった庄野勝氏です。当時、この工法の支持機構は解明されておらず、このため、村山朔郎先生の直接のご指導のもと、名古屋の埋立地盤で実施されたものです。

実験はこの拡張された砂杭に直接載荷するもので、試験結果から、軟弱地盤はコンポーザーパイルで相当強化されることがわかりました。さらに、その後、臨海工業地帯の埋立地で、護岸の強化のため、コンポーザーパイルが採用されましたが、想定以上に地盤が強化されることが実証されました。

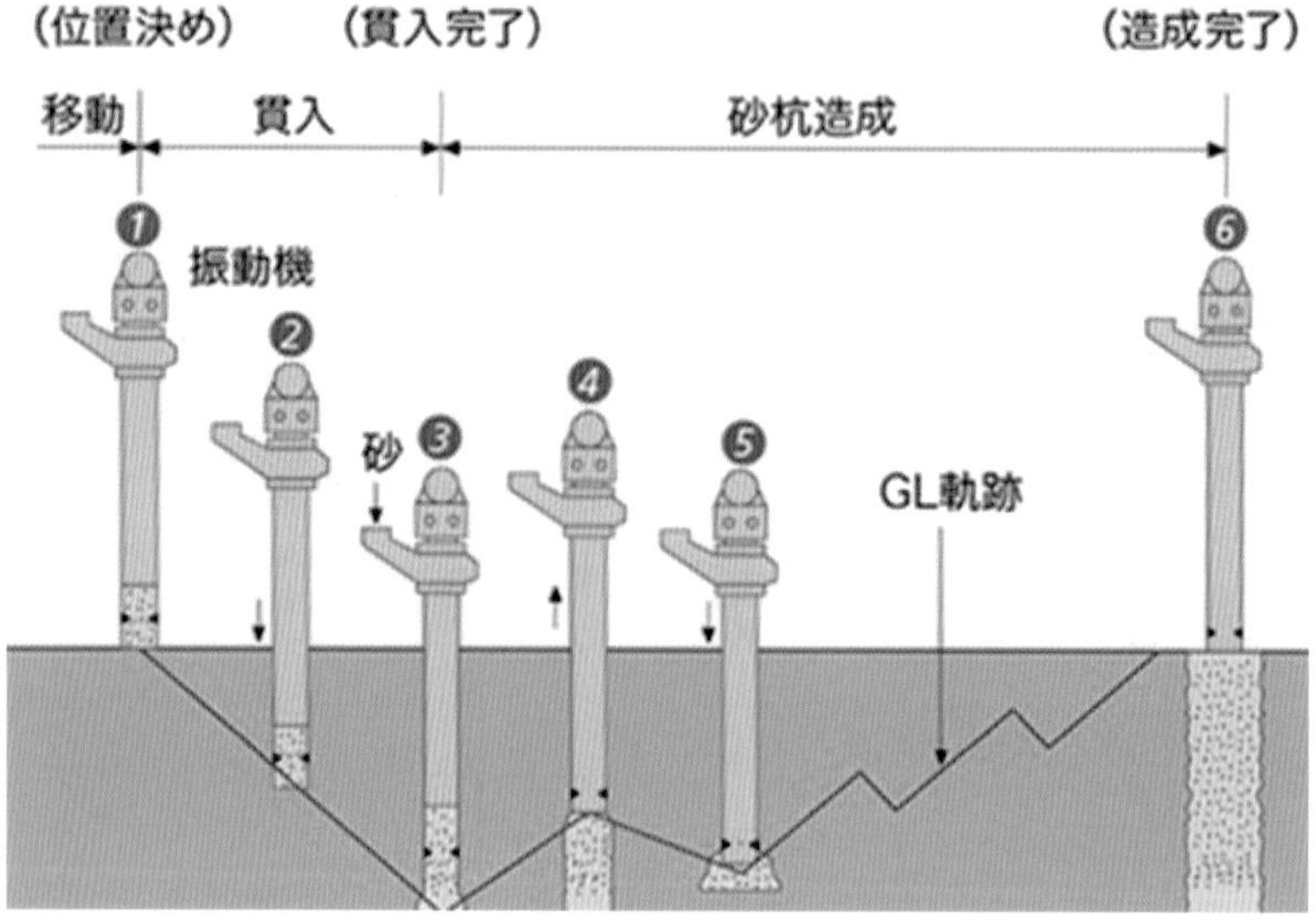

コンポーザー工法の施工説明図（不動テトラ提供）

コンポーザー工法は、その後、軟弱地盤の改良に世界各地で採用され、軟弱地盤の強化に大きく貢献しました。筆者も後年、数多くの石油タンクの基礎構築のプロジェクトや造成敷地や道路の地震時の液状化を防ぐための工法に採用しました、地盤の強化に非常に有効でありました。

地下鉄の設計業務への参画

一九七〇年の大阪万博などで、公共工事が大幅に増える中、大阪市では地下鉄の増設が盛んになっていきました。そこで、日建設計土木部門も初めて公共事業の分野の地下鉄施設の設計の分野に進出しようとしました。しかし、経験も実績もありません。そこで、研究室の先輩にもお願いし、小さな仕事で、技術的な指導を大阪市交通局の技術者の方にお願いし、地下鉄設計のことをイチからお教えいただきました。最近は、公共事業の設計実務を役所の方でされなくなっているようですが、当時は、筆者らの地下鉄設計技術の先生は交通局の技術部門の方々でした。

土木の設計業務では解析業務の他に、図面作成では、鉄筋一本一本の長さから鉄筋を曲げる位置まで、図面上に表す必要があり、また、柱と桁とスラブが重なる位置などは、特に鉄筋の配置が重要です。うまく配置しないとコンクリートが鉄筋の間に入りにくく、良好な鉄筋コンクリートにはなりません。この部分は実際の現場に連れて行っていただき、現場でご指導いただきました。

このような段階を経て、最初は地下鉄の出入り口の設計から仕事をいただきました。初めて進出する技術分野で、採算は度外視して、とにかく技術の習得と施主からの信頼を得ることを第一に考えて作業することにしました。

また、現在では一般的な変形法による構造物の応力計算法は、当時まだ正式に採用されておらず、撓角法という方法が使われていました。この方法では、構造物ごとに関係式を作成することが必要でしたが、これをクリアーできたことも、施主からの信頼を得るきっかけになりました。

当時の大阪市の技術職員の方をみていますと、やはり「自らやってみて、この知識を基に他の未熟な技術者を育成していく」ことが非常に大切であることを痛感しました。

船場センタービルでの日建設計建築と土木の協力

一九六五年頃、大阪の東西を貫く幹線道路「中央大通り」の建設の途中で、船場地区だけが用地取得ができていませんでした。地価が高いこと、船場を離れたくない店舗との交渉などが難航していたためですが、当時大阪市の財政は緊迫していて、なかなか計画が進みませんでした。

この問題を解決するため、道路、建物と地下鉄を一体的に整備するアイデアが提案され、種々協議が行われた結果、解決策として採用されました。この解決策は建設費の捻出に大変すぐれた考えでした。

日建設計は建築と土木部門が協力して、このプロジェクトに参画しました。ビルは建築で、橋梁を含む高架道路と地下鉄は土木で、日建設計でなければできないプロジェクトであったと考えています。

このように計画が進み、完成したのは一九七〇年、大阪万国博覧会の年でした。

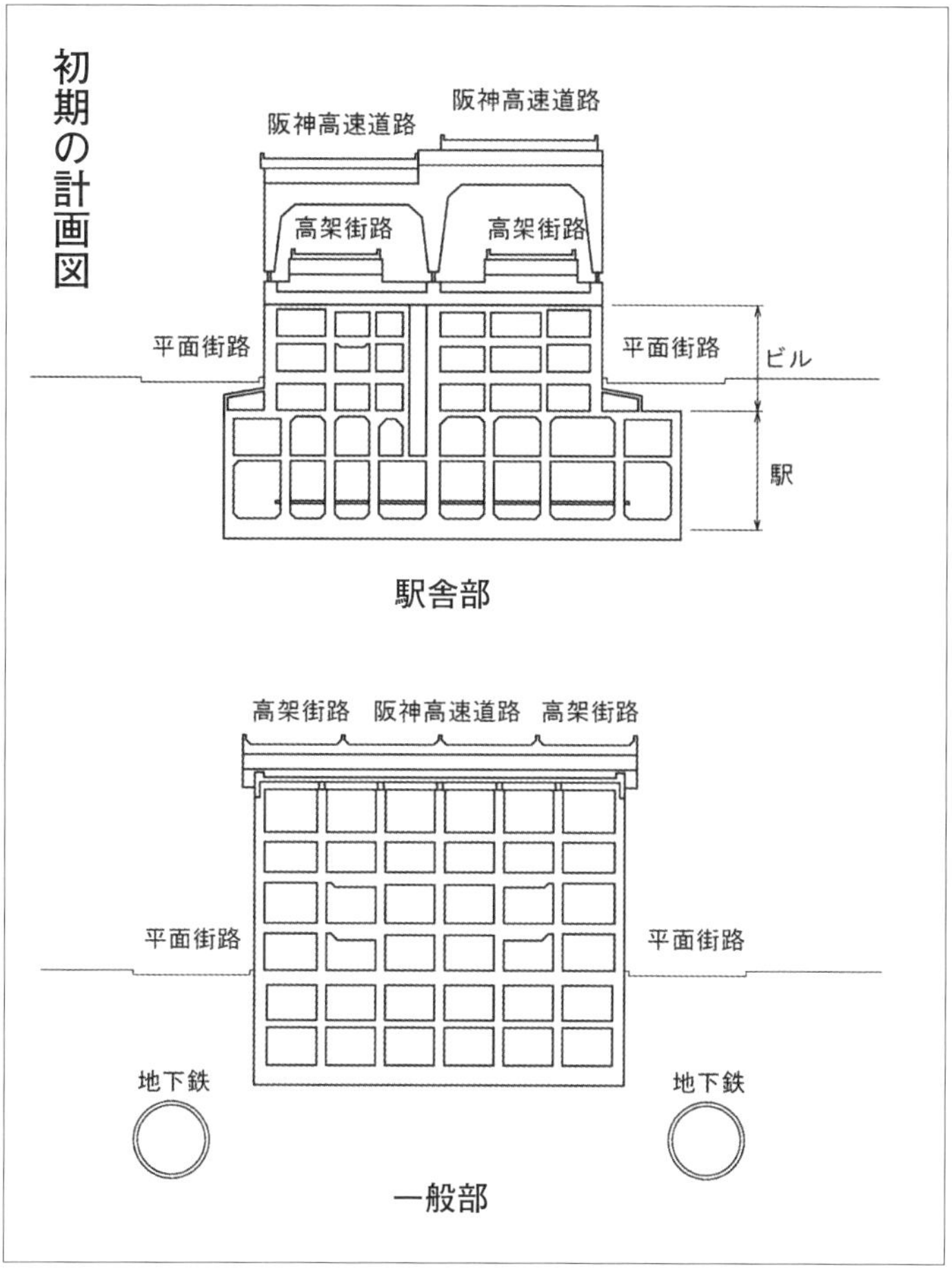

二〇二〇（令和二）年になって、交差する大阪市道築港深江線、阪神高速道路、大阪メトロ中央線の本町駅は堺筋本町駅と共に「ビル、高架道路、地下鉄駅の一体整備」として、土木学会選奨土木遺産に選ばれ、また、建築では、生きた建築ミュージアム、大阪セレクションにも選定されました。

なお、説明の一部は坂下泰幸氏の『関西の公共事業・土木遺産探訪』より引用したものです。

大阪御堂筋線の両側のビルの地下部分の特殊性

船場センタービルのうち、大阪のメインストリートである御堂筋線をまたぐビルは、最上部にある阪神高速線と市道の約80ｍの橋梁の荷重を支えることになります。

このうち西側のビル（10号館）の地下は大阪市交通局中央線の本町停留場ですが、結果として、この地下鉄構造物は橋梁基礎から大きな集中荷重を受けることになります。幸い、この停留場の設計を日建設計土木が担当することになりました。地下鉄の設計で、このような特殊な箇所の設計に対し、一般の地下鉄の設計法では設計ができないので、協議の結果、変形を考慮した、新しい設計法が採用されることになりました。

「地盤の変形を考慮した構造物の設計」を目指していた筆者にとっては大変ありがたい実施例で、大阪市の技術の方にご指導をいただきながら、繰り返し解析を行うことによって、問題が解決しました。

このプロジェクトから、「変形を考慮した設計法」として学んだことは、「変形を考慮しなければ設計できない」という結論でした。

地下鉄・ビル・道路の３層

船場センタービル10号館（本町停留場直上）

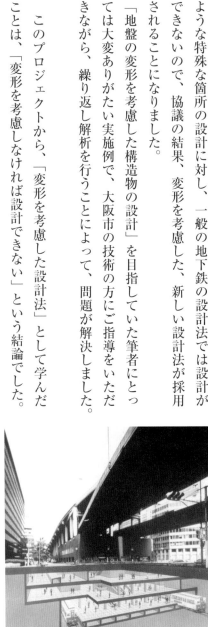

変形を考慮した設計方法の大型岸壁への適用

日建設計土木部門は、戦前の日本建設産業と製鉄会社の関係もあって、非常に大きな二種類の原料岸壁の業務を受託しました。筆者は、入社四年目という若輩の身でしたが、当時の日建設計土木業務所長の指揮のもと、設計を担当することになりました。

製鉄所の原料岸壁は、文字どおり製品を生産するために必要な重たい原料を受け入れる岸壁でありますが、一般の港に比べ、接岸に必要な水深が非常に大きく、さらに完成後岸壁にかかる上載荷重や地震荷重が非常に大きくなります。

日本を代表する横浜や神戸などの重要港に比べても、水深は約1.5倍、上載荷重は少なくとも5倍以上にもなる岸壁で、今でも日本の岸壁で、トップテンには入る大岸壁であると考えています。

建設される原料岸壁の特徴は次のとおりです。

(1) 接岸する原料運搬船は大きく、そのため非常に水深の大きい岸壁が必要となる。
(2) 原料は鉄鉱石や石炭であり、荷揚げするための設備、アンローダーが非常に大きくなる。
(3) 原料を直接荷揚げするため、岸壁にかかる荷重が非常に大きい。

ここで話題にする岸壁は水深が16m以上で、構造形式が異なった二種類の原料岸壁です。内一つは、種々の建設上の条件により、前面が直立壁となっている構造形式であり、他は、構造形式が横桟橋形式のものでした。いずれの形式も、岸壁にかかる上載荷重やアンローダーの軸荷重が非常に大きく、水深が大きいために、特に地震時にかかる水平力も非常に大きくなります。

大きな水平力の処理方法の考え方

一般の岸壁や護岸では、常時や地震時に発生する水平力をタイロッドのような鋼材で岸壁背後に設置した土留壁まで引張り処理され、一方、横桟橋の形式では、杭を斜杭にして水平力を処理されてきましたが、筆者が担当した原料岸壁では、水平力が非常に大きく、従来の方法では、とても処理できるものではありませんでした。そこで、筆者はこの大きい水平力を処理するための新たな方法を提案し実践しました。

それは岸壁の上部構造を全て鉄骨鉄筋コンクリート構造とし、水平力に対処するため岸壁背後に構築した鋼管杭と土留壁による構造物と結合することによって水平力を処理する方法でした。

一方、建設現場では、当然のことながら打設した杭はほとんど動かない不動点であり、この動かない杭と杭を、鉄骨という硬い材料で繋ぐのは、非常に難しいことですが、これには初めから研究し、処理方法を用意していました。日建設計建築の構造部で鉄骨構造が専門の方のご指導のもと、どこに「遊び（余裕）」を作るかを研究していました。

実際施工を担当された建設業者（ゼネコン）から「日建設計は絵に書いたモチの設計をしている」といわれたので、それでは、「筆者の言うとおり施工してください」ということで、現場で直接指導し、無事完成させることができました。

このようなことも、オーナーズコンサルタントとしての役目を果たすためには、非常に重要なことで、大変学びの多いプロジェクトでした。

この他に、荷役に必要なアンローダーの海側の基礎は杭基礎となりますが、荷重が大きいために、アンローダーが稼働する場合、陸上の杭基礎に比べ変形が大きくなります。このため、より大きな応力が生じることになります。したがって、適切な変形量の正確な算定は重要な条件でありました。

この設計を通して、「変形を考慮した設計」という観点からは、「沈下を考慮しなければ、危険側の設計になる」ということでした。

日建設計入社後五年で技術士取得

筆者は日建設計入社後五年で技術士を受験し、合格しました。取得するためには七年の実務経験が必要です。この実務経験は次のように承認を得ました。

最初の二年間は、前述したように、筆者が学生時代に京都大学防災研究所で実施した土質試験の経験や現場実験と読書会などの大学院時代の二年間の経験をカウントしていただきました。

日建設計に入社後の経験は、上述した大阪地下鉄の特種設計と原料岸壁の設計・施工監理の経験で、五年間の経験に計上していただき、受験資格をいただきました。

試験は筆記試験と口頭試問で、筆記試験は一般の専門知識を試す問題で、かなりよく答えられたと思っています。口頭試問では、変形を考慮した設計法などについて50分程度の諮問を受けました。

幸い、種々の質問を全てクリアーできたようで、合格することができました。このことが米国への留学を決心する一つの要素になりました。

なお、技術士の資格は、技術者の国家資格の一つです。建築における建築士が建築の設計に必須の条件になっているのに比べ、これほど厳格な条件にはなっていませんが、大きな土木工事で、責任者になるためにはどうしても必要な資格です。また、合格するためにはかなり負担のかかる試験でした。

変形を考慮した設計法をテーマに、技術士を取得できたことは将来に対する自信となりました。

米国カルフォルニア大学バークレー校（UC Berkeley）への留学

留学の決意と実行

日建設計入社後七年が経過して、仕事も順調で、それなりの成果もあげていましたが、「変形を考慮した設計法」に対する解決方法は、未だ確固たる方法は見つかっていませんでした。

一九六二年頃、米国カルフォルニア大学バークレー校（UC Berkeley）の構造部門で有限要素法という変形法による構造解析法が発表されました。その後一九六八年頃、この方法が地盤工学の分野で初めて利用されるまでは、「変形を考慮した設計」ができるかどうか分かりませんでしたが、筆者がこのことを知り、「『有限要素法の地盤工学への応用』こそ、求めていたものだ。この方法を学ぶのは今だ、今しか機会はない」、という固い決意を抱くことになりました。

この決意を会社の方に伝えましたところ、「日建設計では前例がなく、また、非常に優秀な方が多くおられるので、筆者だけを特別扱いにはできない」という回答でした。そこで決心して、不安ではありましたが、日建設計を休職して、一人の苦学生となって、米国のカルフォルニア大学バークレー校に私費留学する決心をしました。

日建設計の方々やその他ほとんどの人たちは驚かれ、反対されましたが、恩師の一人、赤井浩一先生が賛成してくださったことと、教育関係者であった岳父の谷口次郎さんが、アメリカの教育事情を視察した経験をふまえ、理解し支持してくださったこともあり、決心しました。

何か新しいことをやろうとすると、大半の方が反対されるのが世の常だそうですが、非常に関係の近い、信頼している方が賛成してくださり、勇気をもって留学を決心しました。

留学を決断してからも、大忙し。当時は会社の残業も、今の基準では許容範囲をはるかに超えるほどしていましたし、また、今と違って「ＴＯＥＦＬ」（留学のための英語試験）の英会話の練習用教材も少なく、当時給料一ヶ月分ほどする高価なものであった練習用の機器を買ってきて、夜遅く帰宅してからマンションの個室で声を張り上げ、「I am a civil engineer」「I'm from Japan」などの練習です。こんなことをして、ようやく「ＴＯＥＦＬ」に合格しました。

村山先生の推薦状と共に出していた入学願書が正式に受理されて、大学からAdmission（入学許可）が届いてからは、有限要素法（ＦＥＭ）の地盤工学への応用では第一人者のJames Michael Duncan先生に今後のご指導をお願いし、家族（妻と幼い子供二人）を連れて、UC Berkeleyに自費留学することになりました。

筆者は、一九七〇年から一九七三年にかけて三年三ヶ月間、Duncan先生という素晴らしい先生にご指導いただき、博士号（Ph.D.）を取得することができました。

当時、１ドル３６０円の時代に、家族以外全く頼るところのない状態という、大変厳しい、不安なスタートでありましたが、最終的には、留学を最高の結果をもって成就することができました。

日建設計土木部門は、筆者が開発した種々のプログラムを用い、地盤の変形に関する問題を解くことを得意分野としていますが、その基礎を築いたと考えております。

送別会

いよいよ米国への留学の出発の日程などが決まったとき、三人の恩師と留学経験のある方々が京都で送別会を開いてくださり、左記の寄せ書きをいただきました。大変心配されていましたが、温かい励ましの会でした。

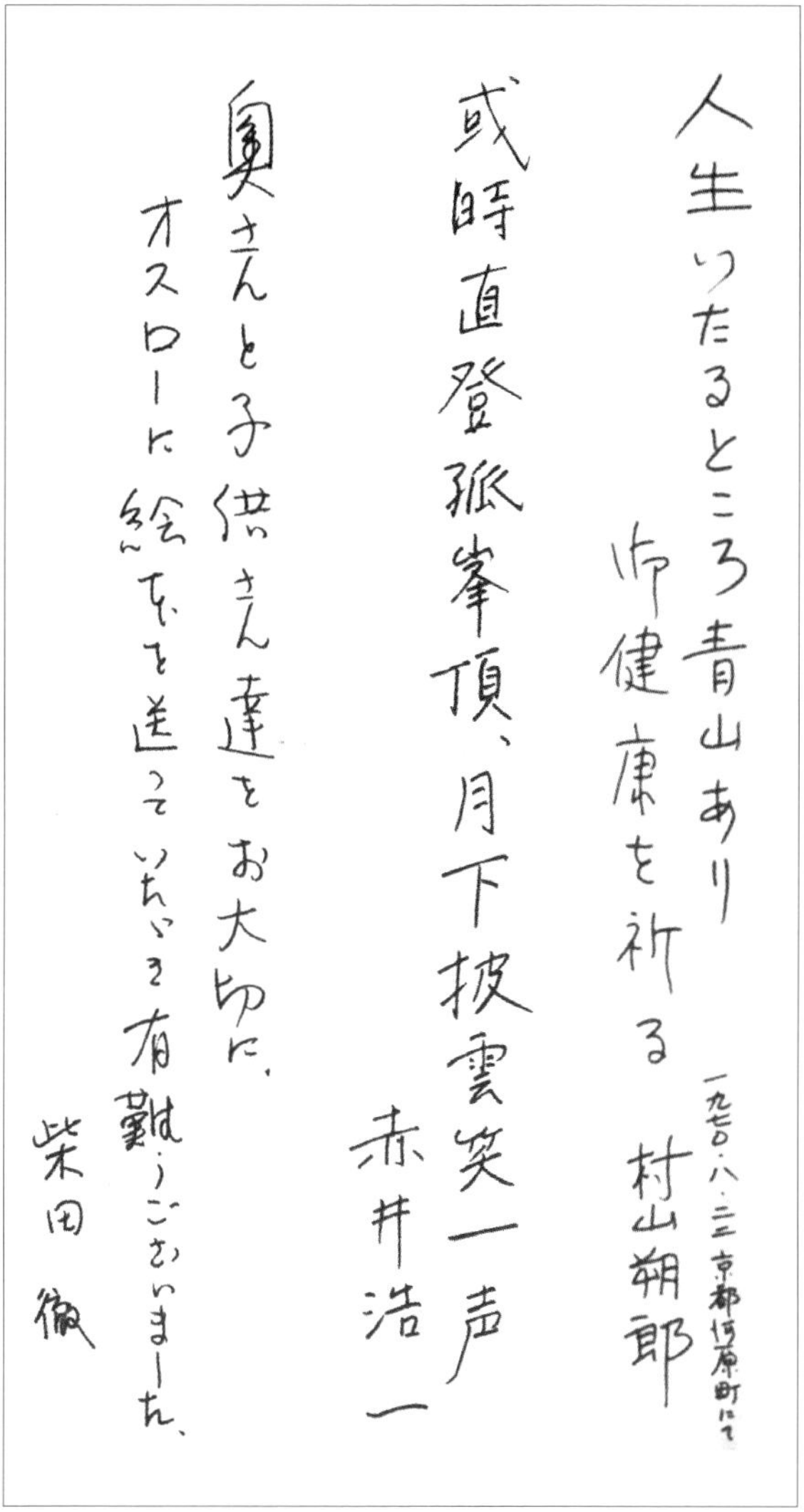
人生いたるところ青山あり
御健康を祈る　村山朔郎
一九七〇・八・二二 京都河原町にて
或時直登張峯頂、月下披雲笑一声　赤井浩一
奥さんと子供さん達をお大切に、
オスローに絵などを送っていただき有難うございました、
柴田徹

カリフォルニア大学バークレー校のこと

筆者が留学した米国カルフォルニア大学の在るバークレーは人口当時約十万人、サンフランシスコ湾東岸にある都市です。全米で政治的、社会的に最も進歩的な都市として知られ、六十年代のヒッピー文化の発祥の地でもあります。筆者が留学した頃でも、まだヒッピーの名残が感じられました。

バークレー校はカリフォルニア大学（University of California）の発祥校でもあり、バークレーヒルズの約1000エーカーを含む巨大なキャンパスを有していて、300以上の学部、大学院教育プログラムを提供し、幅広い研究、教育で知られていました。

10の大学からなるカリフォルニア大学の中で最も古い歴史をもち、各種世界の大学ランキングで常に最上位に位置する教育機関であります。

Sather Tower

Sather Gate

UC Berkeleyで博士号（Ph.D.）の取得に要求される事項（Requirements）

UC Berkeleyで博士号（Ph.D.）を取得するためには次の4項目をパスしなければなりません。

(1) 専門分野のコースから36単位、専門以外の2分野から18単位ずつ、計72単位

(2) 専門分野の平均点は3.5以上（この点数は非常に厳格で、たとえ3.49でも、UC BerkeleyでPh.D.を取ることが許されません。各科目の評点はABCDEで、A＝4.0、B＝3.0、C＝2.0ですから、3.5はかなり厳しい点数です）。

左　Michell先生・中　Duncan先生・右　Seed先生

(3) 専門分野の五人の先生が出題されるPreliminary Examinationの平均点が70点以上

(4) Final Qualification（専門分野三人、専門以外二人の五人による口頭試問）に合格し、研究の成果をまとめた論文を提出し、三人の先生の論文審査に合格すること、が要求されます。

専門分野の講義と試験では、Seed先生、Michell先生やDuncan先生など、有名な先生が相当早口で講義されていきます。筆者も講義はよく理解できましたが、聞いているとノートが取れない。聞くことと書くことが同時にできず、また試験では、時間が限られているので、暗記を英語でするか、日本語でするか、など、いろいろと苦労もしましたが、先生方の親切なご指導を得て、また

Berkeleyで出会ったマサチューセッツ工科大学（ＭＩＴ）出身のDr. Y. Moriwakiという日系二世で、非常に優秀な方にもお世話になりながら、博士課程の単位を取ることができました。

Berkeleyでの勤労学生生活

アメリカの大学生には、Full Time StudentとHalf Time Studentという二種類の学生がいます。前者は、経済的に恵まれ、学期中全然働く必要がなく、勉強だけをしていれば良い学生であり、1学期中に取れる単位数に制限がありません。一方、Half Time Studentは一種の勤労学生で、学期中は、一週間に20時間、学校が休みになると、その日から一週間40時間働くことになっており、一学期に取れる単位数も9から12単位程度に制限されています。

筆者は、滞米中ずっとResearch Assistantに採用され、Half Time Studentとして学生生活を送りました。この制度では、年間有給休暇を取る権利はなく、休みを取るのも、指導教授の許可

Tilden Parkで乗馬

が必要となります。会社から派遣されてくる学生は休みになると「それっ」とばかりに、アメリカ国内や近隣諸国へ旅行ですが、筆者は留学中、カルフォルニア州からほとんど出ることができませんでした。したがって、娯楽は近郊、サンフランシスコ周辺のドライブや裏山のティルデンパークでした。学期中、かなり宿題もでますので、学校から帰宅し、夕食後仮眠をとり、夜10時頃から朝の3時頃まで勉強、その後4時間ほど睡眠と、睡眠を二回に分けて取る習慣がつき、この習慣は今も抜けません。しかし、日本の「時間厳守」の社会では結構ありがたい習慣となりました。

更に、筆者は、渡米後約一年経った時に縁あって、サンフランシスコの日本人学校の数学の先生に採用されました。毎週土曜日、サンフランシスコまでベイブリッジを渡っての通勤でした。学校では、朝9時から、中学一年生、二年生、三年生と順番に、午前と午後の二回、合計6時間の講義でした。教える内容は簡単な数学ですので問題ないのですが、短時間の間に各学年の一年分の内容をこなさねばならず、生徒のみなさんが数学を十分習得してくれたか、心配でした。

彼の地で生活するものにとって、土曜日はなかなか大変な日です。いろいろなパーティは、ほとんどが土曜日ですので、時間のやりくりに苦労しました。帰国前はパーティも多くなり、日本人学校の先生役も重荷になってきましたので、後輩に代わってもらいましたが、日本人学校での経験は貴重なものでしたし、得られた収入は大変ありがたいものでした。

Ph.D. 取得までの研究生活、プログラム開発とコンサルタント業務

筆者の博士論文は「Elasto-Plastic Finite Element Analysis of Soil Deformation」です。論文のテーマの一つはアースダム設計用プログラム「ISBILD」を開発することでした。このプログラムはアースダムの建設中や満水中のダムの挙動を推定するものとして、その後多くの会社や研究機関で使われてきた非常に長寿のプログラムでした。

アメリカでは、このプログラムを用いて、高さが２００ｍもあるニューメロンダム（New Melon Dam）など、種々のダムの解析に適用されました。

アメリカの地盤工学分野のコンサルタント会社の中で、筆者が開発したプログラムを購入された会社に、プログラムの使用方法を説明し、利用を促進することもしました。日本においても、このプログラムを導入された学校や会社がありました。

米国の大学では、大学で開発された研究成果やコンピュータープログラムは、研究した学生が博士論文を終えてから約一年後に全てオープンになり、誰でも自由にこの研究成果を利用できます。したがって、成果がより社会の発展に貢献しているように見受けられました。

University Village（大学村）の環境とコミュニティ

University Villageは、Berkeleyの隣町、Albanyにあり、家族持ちの大学院生用の住居が約1，000戸あります。部屋数や家具付きか否かで、家賃は異なります。家賃が民間の三分の一程度なので、希望者も多いですが、筆者は幸い渡米後半年ほどで入居することができました。

アパートは二階建で、棟と棟の間はどこも芝生で中央に小さな砂場があります。我々が住んでいた棟では、イースターとかハロウィンといった祭日には、よく隣り近所が集まってきて、中庭でポットラック（持ち寄りパーティ）をしたものです。隣り近所はほとんど国籍が異なるぐらいに世界の各地から集まっている大学村のこと、並ぶ料理もまことに国際色豊かでした。

University Village　中庭で走る兄妹

ポトラック持ち寄りパーティ

大学村の中心には大学村事務所、市のコミュニティセンター、幼稚園、ランドリー、子供用野球場、テニスコートなどがあり、北端には農学部の広大な用地があり、天候に恵まれる四月から十月の間は、大学村の住人の家庭菜園用に開放されます。First come first served basis（先着順）ということで、我が家でも毎年登録し、トマトやキュウリ、キャベツや人参、かぼちゃ、インゲン豆などを、種子や苗から育て、子供ともども自然の恵みを存分に楽しむことができました。

菜園　開始時

菜園　次第に成長

菜園　収獲

University Villageでの子供たちの学校の様子

アメリカでは、一月から十二月の間に五歳を迎える子供は九月の新学期から義務教育を受け始めます。渡米後わずか十日目で小学校の新学期が始まり、泣きベソをかきながらスクールバスに乗った、五歳になりかけだった息子も、帰国するころには小学三年生になっていて、英語が母国語かと思われる程すっかり彼の地の生活になじんでいました。

就学前の三、四歳児のためにはナーサリースクール（Nursery School）があり、三歳になったばかりの娘は二年間大学村内にあるナーサリースクールへ通いました。この学校は他のところと一寸違っていて、その名もParent Nursery Schoolと呼んでおりました。ここでは、どの親も週に一回程度昼間にボランティアで参加することと、また時々夜に行われる幼児教育に関する講義や討論会に出ることが義務づけられていたと記憶しています。

ナーサリースクール

アメリカでの幼児教育を共に経験して、深く印象に残った考え方の内の一つは、創作分野では、出来上がった作品よりも、その過程が重要であって、子供が模倣（copy）するような見本（model）を作らないということと、子供に「What not to do」より「What to do」を示そう、ということでした。

もうすぐハロウィン Pumpkin Patch

学校

学校校外活動

University Village での日常生活

アメリカ社会では、子供の誕生日パーティから大人の正式なパーティ（formal party）まで、人々が集まる機会が多く、大学の指導教授との交流も密で、たびたび家に招待されます。フォーマルなパーティの場合は、夫婦同伴でしかも帰宅が夜半近くになるので、家においてくる子供のために、どうしても必要になるのが、留守番つまりベビー・シッターです。大学村では、ベビー・シッティング組合（Baby Sitting Co-op）があり、加入者の間で、お互いの必要に応じて、低料金で助け合っていました。

子供の歯の専門医や子供靴の専門店からは、成長に合わせてチェックを促す電話が定期的にありました。子供が熱を出した時などは、バークレー小児科専門医グループの先生に診ていただきました。そこでは、患者は個別の部屋で待ち、そこへ先生が回って来られて診察してくださるというシステムになっていました。

このように、アメリカは日本よりも進んでいると感じることが多かった一方で、びっくりするようなこともありました。あるとき子供が高熱を出し、毛布にくるんで駆け込んだ病院で、「とにかく熱を下げるのが第一」と、毛布を剥がして水風呂に入れるという治療をされたのです。子供はブルブルふるえて寒がりますし、あまりにも荒療治で肝を冷やしたことでした。

アメリカでお世話になった方々への謝辞

カルフォルニア大学バークレー校留学にあたり数多くの方々にお世話になりました。

まず、Duncan 先生、英語が母国語の学生に比べ英語の能力が十分でない筆者に、Research Assistant のポストを用意していただき、非常に親切なご指導を賜りました。卒業後も一緒に研究や実際のプロジェクトに参画する機会を与えていただきました。

Michell 先生、学校が始まった当初は心配されていたようですが、最初の宿題に対する筆者の回答でAプラスの評価をいただいてからは、論文の指導教授として、大変有意義なご指導を賜りました。

Seed 先生の授業は、土質力学の基本の講義で、大変早口ですごいスピードの講義でしたが、不思議とよく理解できるものでした。論文指導教授として親切なご指導を賜りました。

バークレーでコンサルタントとして活動されていた Dr. S. Serata ご夫妻には、渡米直後から家族ぐるみでお世話になりました。

Berkeley の同級生、Dr. Y. Moriwaki は日系二世で、MITを卒業後、二年間沖縄で兵役に就かれた後に、Berkeley に入学された方です。大学院二年間を通して成績は、日本流に言えば全優で、寡黙な秀才でした。学校の授業のことのほか、家族ぐるみのお付き合いで大変お世話になりました。

当時、サンフランシスコは米国への直行便の玄関口でした。伯父で、山岳部長でもあった小野寺幸之進さんをはじめ、多くの先生方が大学村の拙宅にもお見えになり、いろいろと励ましてくださいました。

また、山岳部の友人たちも時間をつくって、よく立ち寄ってくれました。仲間との楽しい語らいは、日頃の緊張から解放されるかけがえのない一時で、子供たちも大変喜んでいました。

日建設計の多くの方々、出発前からご心配をいただき、たびたび激励のお手紙をいただきました。帰国後もアメリカで学んだことが生かせる部門で活動できるように配慮いただき、ありがたく思っています。

名古屋大学の成岡昌夫先生は、度々お手紙で励ましていただきましたが、帰国直後に名古屋大学にお招きいただき、アメリカで学んだ有限要素法の土木工学への応用を日本でも広げたいので、名古屋大学で講座をもち、学生に講義をできるだけ長く続けてほしい、という大変ありがたいお言葉をいただきました。名古屋大学の浅岡顕先生のご支援のもと、二十六年間の長きにわたり講師をしました。

最後に家族へ、筆者の独自の判断でアメリカ留学を決めた時、これに全面的に賛成し、米国へ出発後は、日本での残務を引き受け、帰国後もお世話になった、岳父の谷口次郎さんに感謝しています。

子供たちには、渡米中もまた帰国後も環境の変化により苦労をかけましたが、現在は、息子は商社勤務の傍ら、アーチェリーの国際審判員としてワールドカップや世界選手権の時など、休みを利用して参加しており、また、娘は大学教授の職に就いております。それぞれの道で頑張っているのをみまして、少々安堵しているところです。

最後に、子供たちの学校のことなどすべて妻の敏子が担ってくれて、筆者は学業に専念することができました。

以上、お世話になった皆々様のおかげで、留学を終えることができました。ありがとうございました。

アメリカからの帰国と日建設計への復帰

帰国して日建設計に復職か、米国で就職か

Ph.D. の取得に目処が立った頃、会社に帰国後のことをお聞きしたところ、「留学期間の昇給と勤続年数は認めず、留学前のまま」ということでした。これには驚きました。

アメリカでは、キャリアアップのために一時退職して留学するというのが一般的な考えでしたので、Duncan 先生に相談しましたところ、大変驚かれて、「自分が就職を世話するから」と、当時世界的に有名なコンサルタント会社にお世話していただきました。待遇も仕事の内容もかなり魅力的でしたので、もう数年アメリカでと、一時考えました。

しかし、日本では、渡米以後応援していただいた先生方にご迷惑をおかけするような噂が飛んでいたようで、残念ながら、アメリカでの就職を断念することにしました。Duncan 先生には大変ご迷惑をおかけする結果になりましたが、一旦決めていただいていた就職先に「お断り」に行き、帰国して、日建設計に復職することにしました。帰国するなら、レベルが五年程度進んでいると考えられた有限要素法の基礎工学への応用分野を日本で更に進めたいと、更に、この方法を利用することにより、日建設計土木の技術レベルを少しでも高めたいと、強く決心しました。

種々の事情により、アメリカでの就職を断念、日建設計に復職しました。

米国からの帰国とその後の活動の方針

帰国後、アメリカで学んできた「有限要素法の基礎の設計への応用」に役立つ部門として、鉄鋼などの設備基礎や石油タンク基礎等の設計を担当する部門へ配属していただきました。多くの方は大変驚かれて、「何をしようと考えているのか」、と興味をもたれた方もおられた反面、「経験もないものに機械基礎の設計などできるものか」と思われた方もおられたようでした。幸いなことに、筆者は素晴らしいアシスタントを得ることができました。機械基礎の生き字引のようなベテランの方、圧延基礎設計に詳しく、生涯で5本も圧延基礎の設計を担当された方、同じ研究室出身で数値解析が専門の方、また、転炉など構造力学の知識が特に必要な設備の設計と解析で共に働いた方など、新しい設計法の普及に全面的に協力していただきました。

これらの方々は、筆者が日建設計を定年退職した後設立した構造地盤研究所にも参画いただき、設計した基礎の技術の継承にご努力いただきました。

このように、実務を通じて生涯の目標である、「変形を考慮した設計方法の確立」と土木分野における「信頼されるオーナーズコンサルタント」の達成に向かって活動することになりました。

技術革新時代の到来と製鉄会社の設備投資

製鉄設備の特徴

戦後の混乱期を乗り越えて経済成長に伴い、産業界では、投資が投資を呼ぶといった形で設備投資が活発化しました。工場関係で目立ったのは製鉄工場で、製鉄各社が銑鋼一貫生産を拡充合理化する長期計画を推進しました。

製鉄工場は、工場によって異なりますが、東京ドームの２００倍程度の非常に広大な土地の中に建設され、種類や規模の異なる製造工場が連なっています。これらの新設工場は用地が臨海工業地帯で地盤は軟弱である場合が多く、地下水位は高く、液状化の危険性もあります。また、建設される施設は非常に大きく、基礎の深さも深くなることや、更に最も特徴的なことは、基礎の内部に機械設備の一部が組み込まれ、現場で基礎コンクリートの中に設備の一部を製作しなければならないことでした。したがって、設計図は一般の土木施設のものに比べ非常に複雑になります。

日建設計は長年このような複雑な機械基礎の設計の技術を培ってきており、十分な経験をもっているうえ、土質調査部門をもっていて、地盤工学の知識を兼ね備えていました。これら高度な基礎技術に加え、変形を考慮した設計法を提案し、実践の機会を与えていただき、大変ありがたい環境のもとで働くことができました。

鉄鋼の製造工程の説明

日建設計はほとんど全ての鉄鋼設備の設計を経験しましたが、各工場の特徴や働きを知っておられる方も少ないと考えますので、まず初めに、簡単に鉄鋼の各製造工程を説明しておきます。

鉄鋼は次のような七つの製造工程を経て、原料から製品に加工されます。

【鉄鋼の製造工程】

原料の受入→処理された原料→高炉→転炉→連続鋳造→圧延→出荷

◆受入設備と原料調整

鉄鋼を作る原料は鉄鉱石、石炭、石灰石の三つであるが、石灰石以外は全量輸入している。これを受け入れるのが原料岸壁である。これら原料のうち、粉状の鉄鉱石と石灰石は焼結工場で、粉状の石炭はコークス炉で原料調整が行われる。

◆製銑設備――製鉄所のシンボル溶鉱炉

製銑過程は、処理された原料がベルトコンベアで高炉上部に輸送され、高炉に装入される。大型高炉の場合、最上部までの高さは100mを超え、内部容積が5000㎥を超える超大型の高炉も珍しくない。高炉の壁面下部から1000度を超える熱風が大量に供給され、コークス中の炭素と高温の空気中の酸素が反応し、炉の内部では2000度近い温度になる。高炉で取り出した銑鉄は、そのままでは硬くてもろく、圧延することが困難である。

◆製鋼工程——転炉工場

製鋼施設は、内部に耐火煉瓦を敷き詰めた転炉に銑鉄を装入した後、転炉内部には酸素が吹き込まれる。その酸素と銑鉄中の炭素が結合して一酸化炭素となり回収される。また、必要に応じてニッケルやクロム等が投入され、粘り強さをもつ鋼を製造する。

◆鋳造工程——連続鋳造設備

鋳造工程は、取鍋で運ばれてきた溶鋼を加工しやすいよう一定の形に鋳固める工程で、日本では、上下が開口した鋳型の上部から溶鋼を注入し、あたかもところてんのように連続して鋼を鋳固めてゆく連続鋳造という方式の採用が進んでいる。連続鋳造は極めて高度な技術管理が必要であり、鉄鋼各社は生産性と品質レベルの向上にしのぎを削っている。

鋳造されたものは、その形状によりおおむね左記のような半製品に分類される。

・スラブ——巨大なかまぼこ板のような形状。主に厚板・薄板に加工。
・ビレット——巨大な円柱または角柱形状。継目無鋼管や小型の形鋼、棒鋼、線材に加工。
・ブルーム——スラブよりも小断面・厚肉で、羊羹のような形状。形鋼や棒鋼・線材に加工。

・ビームブランク――ブルームの中で、特にH字型に近い形に鋳造されH形鋼専用の素材。

◆圧延工程――熱間圧延と冷間圧延

圧延工程は、鋳造で製造された半製品に力を加え、所定の形状の製品に加工する作業。圧延には大別して、材料が赤くなるほど熱を加え、再結晶温度以上で圧延する熱間圧延と、材料を常温のままで、もしくは多少の熱を加えただけで圧延する冷間圧延の二種類がある。圧延の結果、厚板・薄板・形鋼・鋼管などの各種鉄鋼製品が完成する。

◆出荷岸壁――製品岸壁と全天候岸壁

圧延工程で製造された製品は、必要に応じて表面処理が行われたあと、検査を経て、出荷可能な製品として倉庫に移送される。製品は、多くの場合は出荷岸壁から内航船でいったん物流拠点に輸送され、そこから小口陸送されている。

製鉄工場の設計業務は、建築と土木部門を併せもつ日建設計の利点が十分に発揮された分野です。

製鉄工場に変形を考慮した設計手法を導入

鉄鋼の圧延工場は、巨大なかまぼこ板のような形をした鋼材を巨大なロール間に繰り返し通して鋳造加工する工場で、基礎は一般土木のものと異なり、特徴は次のようなものです。

(1) 工場基礎は、本来の役割の他に、内部に機械設備の一部を現場で作っていくことにある。
(2) 基礎そのものが機械の一部になるので、複雑な形状になる。
(3) 基礎が非常に大きく１００m×５００mにおよぶものもあり、また深い基礎が多い。
(4) 基礎は臨海工業地帯の軟弱地盤に建設されることが多く、掘削は水との戦いである
(5) 機械荷重が複雑で、限られたところに重荷重、他は軽く揚水圧で浮き上がるところもある。
(6) 上部の機械と基礎はアンカーボルトで結合されるため、精密な施工精度が求められる。

従来の圧延工場基礎の設計では、重たい荷重の架かるところと、場所によっては荷重は軽く、水圧で浮き上がるところを分離し、各々で別々に基礎の設計をしていました。しかし、この考え方は、安全側の設計ではありますが、経済的にコンクリート量が増え、非常に不経済な設計となっていました。そこで、筆者は、ここに変形を考慮した設計手法を導入する、経済的な設計の提案をしました。これにより、経済的な設計ができ、基礎のコンクリート量が大幅に減少することがわかりました。また、提案した設計法は、種々の実施例から杭基礎の場合にも経済的な設計ができることがわかりました。

村山研究室出身者の鉄鋼工場建設への貢献

筆者がこのような機械基礎関係の部門を希望した理由の一つに、学生時代に兄弟のようにお付き合いし、お世話になった村山研究室の卒業生の存在がありました。多くの村山研究室出身者が製鉄会社に就職され、高度成長期の技術の発展に寄与されました。筆者もこのような現場の仕事に関与できればと願い、実現できたことに感謝しています。特にお世話になった方は次の方々です。

大手製鉄会社に就職された三年先輩の方は、村山研究室の卒業生の主のような存在で、アメリカ留学後、最初に「変形を考慮した設計法」を取りあげていただき、圧延基礎に応用する場を与えていただきました。

実際に、変形を考慮した設計法を適用した実施例で、建設現場では、施工中、いろいろと地下水の対処に問題もあったようですが、大変経済的な設計ができ自信になりました。

これ以後、この設計法を使って多くの施設を設計するきっかけになりました。後にニュージーランドの圧延設備の受託に繋がりました。

二年先輩の方には、深い基礎の掘削方法を学びましたが、特に情報化施工という、測定用ゲージを現場の矢板や支保工に貼り付け、これらの部材の応力を測定しながら施工する方法で、安全な施工に大きく寄与する方法を学びました。

さらに、現場で鋼管杭の打設試験の経験もさせていただきました。杭が杭打ち機で、どのように打ち込まれ、その度にどのようにリバウンドするかを記録し、支持力を決定するのですが、杭打ち機の真横で機械油で顔を真っ黒にしながらの経験でした。この経験から、地盤によって打ち込む様相が変化していくことを実感しました。

一年先輩の方には、円形に掘る深い掘削で、円形に掘削することで土圧や水圧の一部を円周方向の力に変換することができ、支保工を使わない掘削ができる方法を学びました。

この他、研究室の後輩の方々にもお世話になりました。

このように村山研究室出身者の製鉄基礎への貢献は非常に大きいと思いますが、筆者にとっては恵まれた状況のもと、プロポーザルを出す機会に恵まれ、いろいろなプロジェクトに参画できました。

鉄鋼産業の設備投資の後退と担当技術者の配置換え

このような工場の新設は残念なことに、一九九〇年頃を境にほとんどなくなりました。これは、中国や台湾、インドなど新興国がこれら施設を増強していったためと考えられます。このため、参画できるプロジェクトは激減し、設計に必要な技術も継承することが次第に困難になっていきました。

さらに鉄鋼基礎の設計を担当してきた技術者の配置換えも大変なことでした。当時、小倉市には約百名の鉄鋼基礎専門の技術者が従事していましたので、これらの人々の配置換えをしなければなりません。責任者として、なんとか東京か大阪に転勤をお願いしましたが、家庭の事情で九州にとどまる必要のある方も結構おられて、残念な結果になりました。

石油産業プロジェクトと日建設計土木

日本の石油産業と設備投資

日本の石油産業は、一九五〇年頃から戦災による荒廃から立ち直ることとなりましたが、精製技術の近代化と精製施設の復旧のため、巨額の資金が必要であり、同時に海外からの原油の長期安定輸入も不可欠でした。このため、世界的な原油資源の所有者である外国石油会社、いわゆる石油メジャーとの提携が唯一の選択肢でした。関係法令の制定や改正ができた後、日本の石油会社は相次いで外国石油会社との技術提携、委託精製、委託販売等の業務契約を結び、さらに精製部門を中心として資本提携へと発展していきました。

このような国内情勢のなかにあって、外国石油会社の資本の入っていない、いわゆる「民族系石油会社」としての道を歩むことを選んだある大手石油精製会社の創業者は一貫して「人間尊重」という理念を掲げ、「大家族主義」のもと定年はなく、労働組合の結成もなく、大手企業で上場していない会社として独自の経営路線を長年貫いてこられました。

この石油精製会社は一九五五年に初めて製油所を建設し、その後、全国に生産基地を建設していきました。この設備投資に対し日建設計土木は全面的に協力していくことになりました。

石油産業と日建設計土木部門

日建設計土木の石油精製会社からの受託の内容は、製鉄会社の場合とは異なり、この会社には土木を専門とする技術者がおられなかったことから、最初に製油所が着工した一九五五年から設備投資が完了する一九八二年まで二十七年間継続されました。全国に建設された全ての施設基礎の工事で、着工から竣工まで土木事務所の監理部員が常駐し、工事監理を行いました。この方式は、まさにオーナーズコンサルタント業務の実行でした。

日建設計土木の関わった内容は、施設の設計・施工監理ばかりではなく、土質調査業務も同時に受託しました。この会社全体で、おそらく数千本のボーリングを実施しています。

このように、日建設計土木が関係した業務は、地盤調査に始まり、敷地造成、道路、排水から、装置基礎、タンク基礎、海水取排水施設、地盤改良、港湾施設と、土木部門の全分野に参画する業務でした。また、石油精製工場では装置や貯蔵施設のタンクは屋外に露出されているもので、小規模な建築関係の構造物を除いて全て土木部門の業務であったといえます。

一九八七年、この会社はエンジニアリング部門を設立され、この時をもって、長年続けてきたオーナーズコンサルタントの役割を終えることとなりました。

国家石油備蓄基地の建設プロジェクトに参画

日本政府は一九七三年に起きた第一次石油ショックの経験を踏まえ、石油備蓄計画の強化に乗り出しました。一九七五年に石油の備蓄の確保等に関する法律（石油備蓄法）を制定し、民間の石油会社に石油の備蓄を義務付けました。次いで、一九七八年の法改正で国家による石油の備蓄を義務付けることとなりました。国家備蓄では、まず、３０００万kL体制を目標にスタートしました。一九八九年からは、国家石油備蓄の目標が積み増され、一九九〇年代半ばまでに５０００万kL体制を達成することが掲げられました。一九九八年に、この目標が達成され、現在に至っています。

リスク分散の観点から、地上タンク方式、地中タンク方式、水封式地下岩盤タンク方式、洋上タンク方式と様々な形式が採用されました。

日建設計土木部門は、今までの豊富な原油タンクの設計実績などの高度な技術力を評価され、地上タンク方式４基地のうち３基地までを受注しました。

国家石油備蓄のプロジェクトは、中核会社に土木を専門とする技術者がおられなかったことから、全ての施設において、設計から施工監理まで全てを担当、現場には土木監理部員が常駐して工事監理を行いました。これもまさにオーナーズコンサルタント業務でした。

国家石油備蓄基地の特徴の一つとして、原油タンクを30基とか50基、まとめて建設するので、１基あたり少しでも経済的な建設ができれば、非常に大きな経済効果が見込まれるため、できるだけ経済的な設計を心がけました。建設に使った砂杭の本数を減らすために、当時の石油公団担当者の大英断により、実物大の載荷試験を実施できたのも、これに必要な費用と減少できる砂杭の費用を厳密に比較したうえでの決断でした。

今回本書をまとめるにあたり、独立行政法人エネルギー・金属鉱物資源機構（JOGMEC）の方々にご相談し、許可を得ました。国家石油備蓄基地のこと、石油タンクや基礎のこと、どのように経済的な基礎を実現したか、などについて説明します。

石油タンクとタンク基礎の構造

原油の石油タンクで最も多く建設されたタンクは、容量が約10万kLで、タンクの直径が約80m、高さが約25mで屋根は可動式です。これは屋根と原油が常に接触していて空気層ができないようにするためです。もし空気層ができ、空気と石油の揮発部分が一定の割合になると爆発が起こる可能性があり、これを防ぐためです。

このように非常に大きな容器で、中に石油という危険物を貯めるタンクですが、石油タンクの基礎は、非常に簡単な構造になっています。しかし、この基礎には、相当合理的な工夫がなされています。それがタンクの周辺に設置されたコンクリートリングです。

当初は盛り土型とコンクリートリング型の二種類の基礎形式が存在していましたが、筆者の行った有限要素解析の結果、コンクリートリング形式の基礎が非常に合理的なことが分かりました。

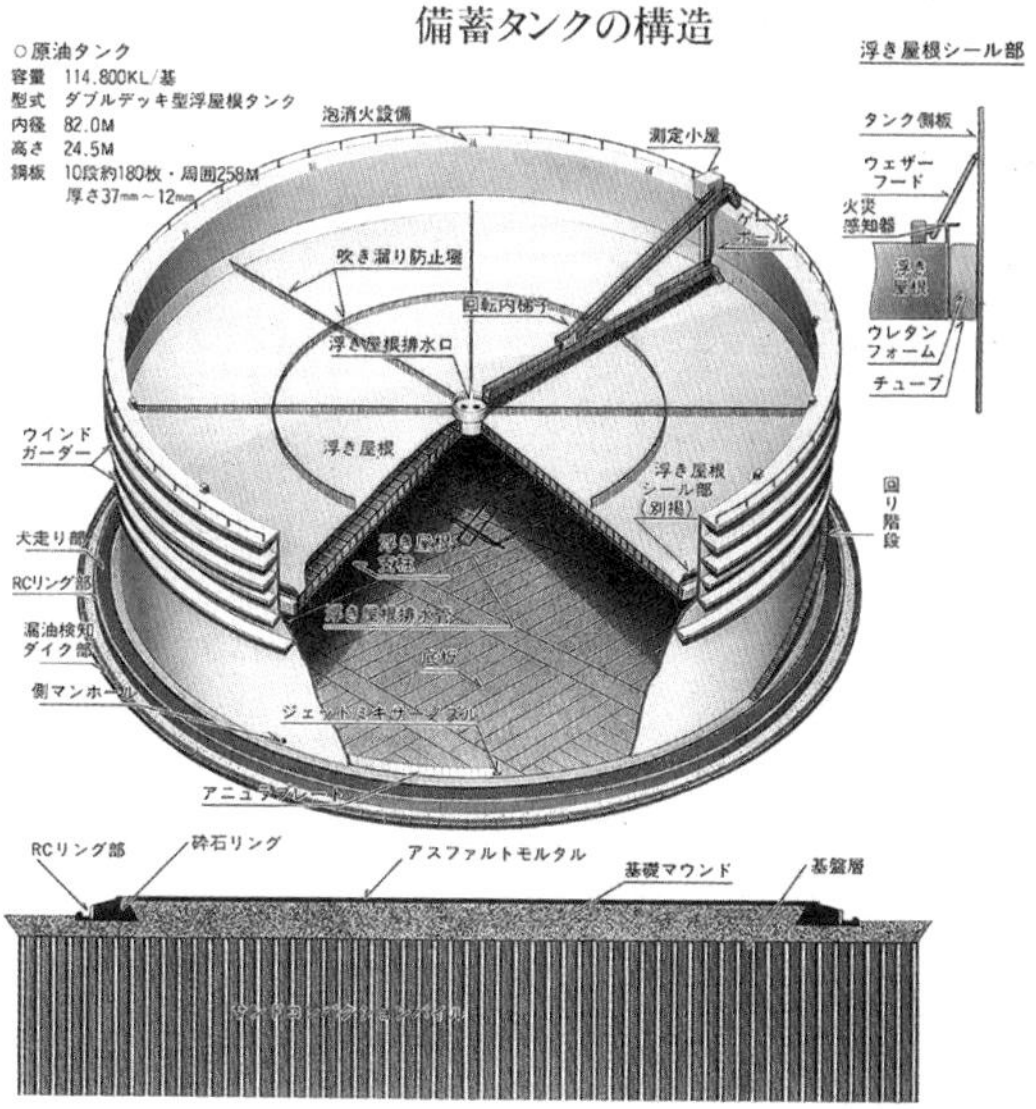
備蓄タンクの構造
○原油タンク
容量 114.800KL/基
型式 ダブルデッキ型浮屋根タンク
内径 82.0M
高さ 24.5M
鋼板 10段約180枚・周囲258M
厚さ37mm～12mm
泡消火設備
測定小屋
ゲージポール
吹き漏り防止壁
回転内梯子
浮き屋根排水口
浮き屋根
浮き屋根シール部（別掲）
ウインドガーダー
犬走り部
RCリング部
漏油検知ダイク部
側マンホール
回り階段
底板
アニュラプレート
浮き屋根シール部
タンク側板
ウェザーフード
火災感知器
浮き屋根
ウレタンフォーム
チューブ
RCリング部
砕石リング
アスファルトモルタル
基礎マウンド
基盤層

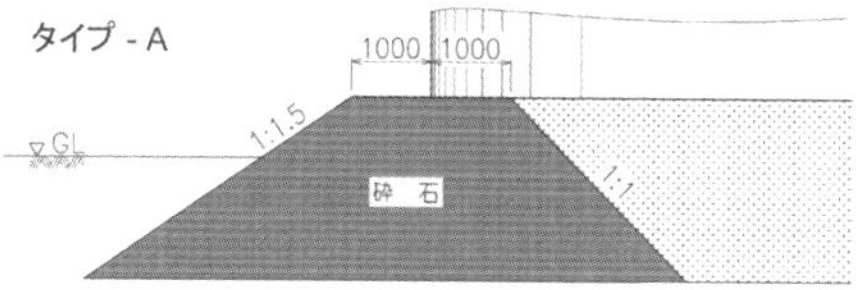
タイプ - A
1000
1000
GL
1:1.5
砕石
1:1

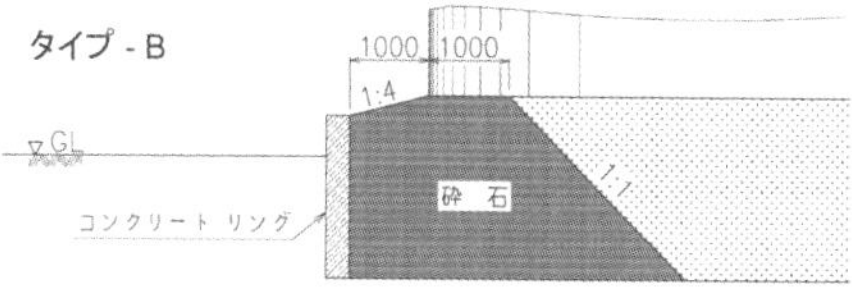
タイプ - B
1000
1000
1:4
GL
砕石
1:1
コンクリート リング

石油タンクと基礎

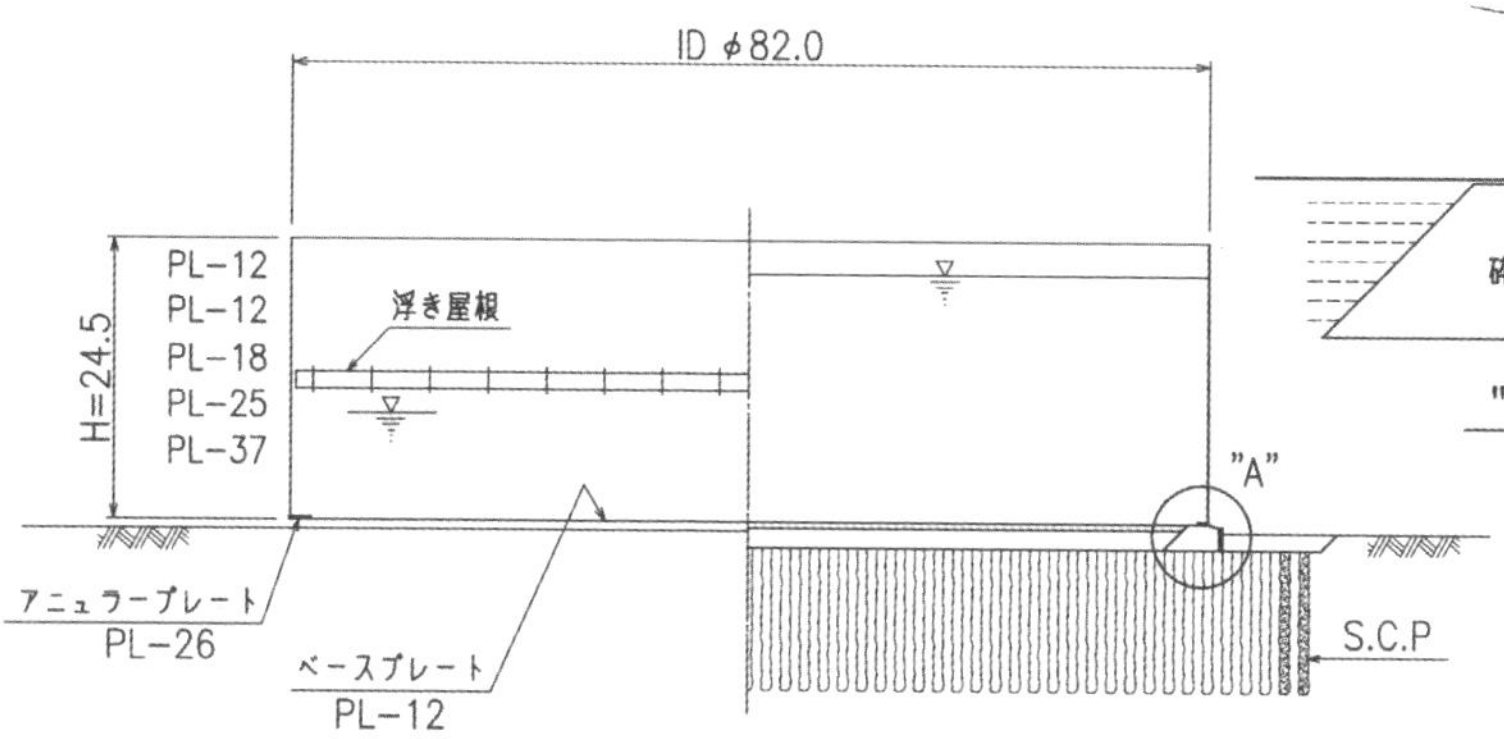
ID φ82.0
H=24.5
PL－12
PL－12
PL－18
PL－25
PL－37
浮き屋根
"A"
アニュラープレート
PL－26
ベースプレート
PL－12
S.C.P

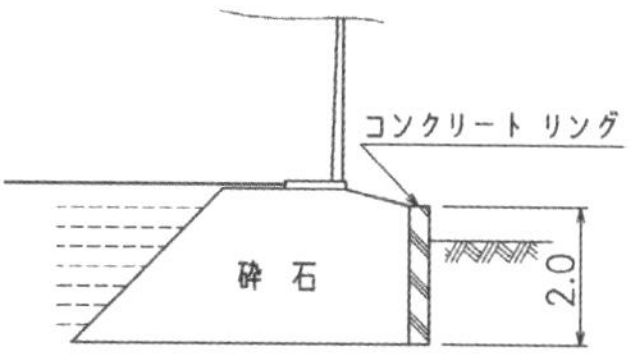
コンクリート リング
砕 石
2.0

"A" 部詳細図

タンクおよびタンク基礎の断面図

長年の経験から考案されたタンク基礎の原理とその解明

コンクリートリングを周辺に設置したタンク基礎は、当初は小型タンク基礎に適用され、タンク周辺壁直下の土が外側にはみ出すことを防ぐために、経験的に考えられたものでしたが、これは素晴らしい発想でありました。筆者は、大手電力会社のプロジェクトで実施したタンク基礎の地震時の安定性に関する解析結果から知見を得まして、石油精製会社の大型タンク基礎に採用されても十分安全で合理的な基礎であることが分かりました。

筆者の解析によりますと、コンクリートリング方式の基礎では、地震時にタンク壁下の土が外側に移動しようとしますが、これがリングで阻止され、大きな水平力が生じます。この水平力で、タンク直下の地盤が非常に強い物質に変化します。すなわち、地震力がかかった瞬間に地盤が強い物質に変化していることで、非常に合理的な変化が起こっていることが証明され、危険物保安技術協会に認められています。

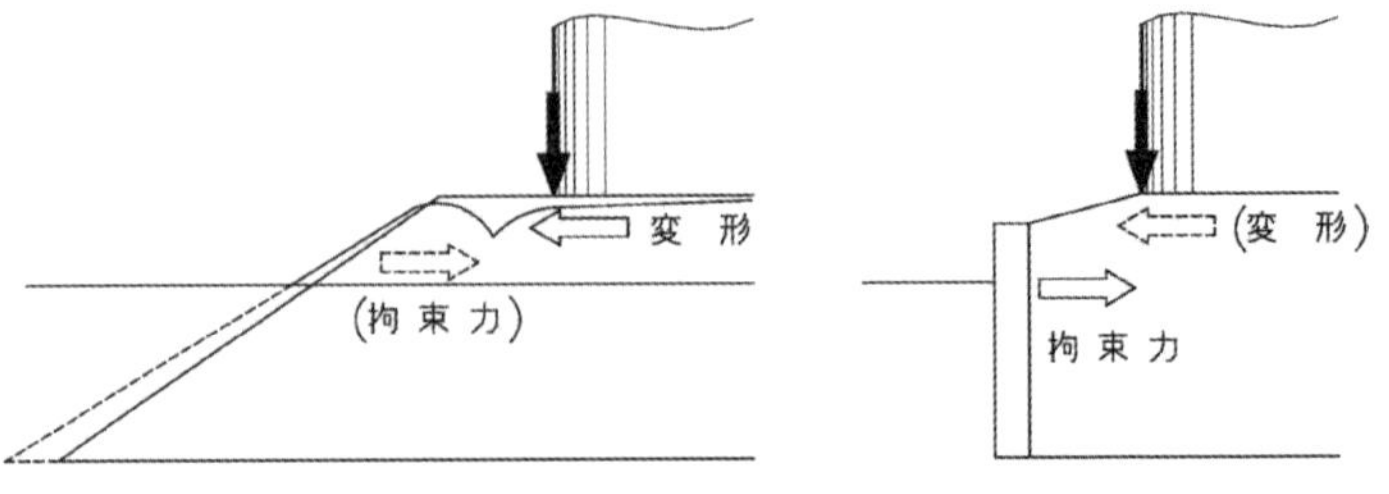

地震時のタンク基礎の挙動

一九八七年、危険物保安技術協会ができ、このコンクリートリング形式の基礎が十分安全で有効であることが認められたことから、これ以後の地上タンク基礎は全てこの形式のものが使われています。

苫小牧東部国家石油備蓄基地建設プロジェクトへの参画

苫小牧東部国家石油備蓄基地は国家石油備蓄基地の第二号として、一九八一年一月に立地が決定され、二月に建設の推進母体となる国家石油備蓄会社が設立され、一九八四年に完成しました。隣接する北海道石油共同備蓄基地と併せて世界最大級の地上タンク方式の備蓄基地です。

敷地とタンク群

建設されたタンクは、11.5万kL鋼製ダブルデッキ浮屋根式タンク55基と4.1万kLのダブルデッキ浮屋根式タンク2基で、環境保全のため、敷地の25％が緑化されました。

この基地の技術的問題は、事前になされた検討案より、より経済的な提案をした新しい建設案に対して、危険物保安技術協会より、完成後の沈下量を10㎝以内に抑えるよう指示されました。この沈下限界を事前に証明することは非常に難しいことであり、このため、実物大載荷試験を実施し、最終沈下量を実証しました。

次に問題になったのは、敷地全体に存在する支笏火山灰の処理でした。この火山灰の特徴は粒径の揃った粗粒で、中空の粒子から形成された火山灰であり、悪いことに、この中空の粒子を破壊する圧力が、タンクの最大圧力に近いことも判明しました。したがって事前に粒子を破壊することが必要となりました。このため、12tの重りを20mの高さから落下する動的圧密工法という締固め工法が用いられて、まずこの中空の粒子を壊す地盤改良が実施されました。

タンク基礎全体は、事前に動的圧密工法で処理された地盤をサンドコンパクション工法で改良し、上部をマンモスバイブロタンパーで締め固めて建設されました。

沈下量を10㎝以下に押さえることが建設許可条件でしたので、まず一つのタンク基礎上に、タンクと同じ荷重分布になるように、約17万㎥の現地発生土の盛り土で載荷し、載荷重と沈下量の関係を求め、同時に有限要素解析を行って、解析に必要な地盤定数を決定しました。次に実際に原油タンクが建設され、水張り試験が実施された時のタンクの沈下量を推定しました。

実際の水張り試験を行ったときの沈下量は、有限要素解析による推定値とよく合致し、沈下量は求められていた10㎝以下に収まっていることが確認されました。また、この基地のように、同時に多くのタンク基礎を建設する場合、載荷盛り土試験により安全性を確認する方法は、安全とともに、経済的にも非常に有利なことがわかり、以後の地上型備蓄基地に適用されることとなりました。

このように、我が国で初めて実物大載荷試験で安全性を確認し、非常に安全な基礎構造が選ばれ、コスト的にも非常に経済的な55基のタンク備蓄基地が完成しました。

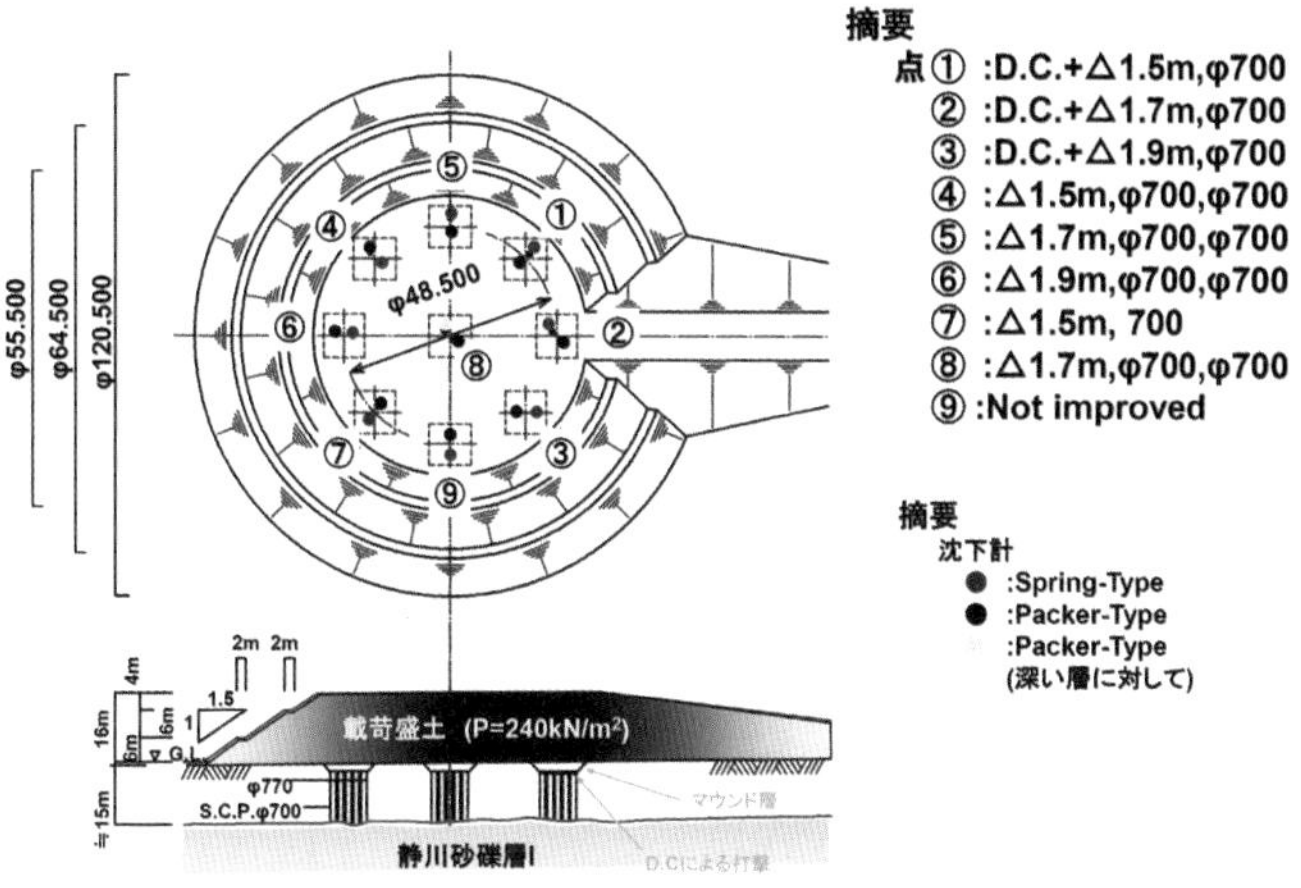

実物大載荷試験の説明図

実物大の載荷試験の盛り土

福井国家石油備蓄基地建設プロジェクトへの参画

福井国家石油備蓄基地は、一九八一年十一月に立地が決定され、一九八二年一月に建設の推進母体となる国家石油備蓄会社が設立されました。

この備蓄基地は福井臨海工業地帯に位置しており、日本海側における初の国家石油備蓄基地です。建設されたタンクは、11.3万kL鋼製ダブルデッキ浮屋根式タンク30基、合計３４０万kLです。

敷地とタンク群

この基地の地盤は埋め立てられた緩い砂層からなっています。技術的問題は、砂地盤上に建設されるタンクの沈下量を推定するために必要な地盤の弾性係数とポアソン比を正確に決定することでした。

当基地の技術的な検査基準は、他の備蓄基地と同様、地盤が安定していることは勿論のこと、水張り試験時の沈下量が基準以下に収まることでした。

このため、緩い砂地盤のN値が少なくとも15以上になるまでサンドコンパクションパイルによって締め固められました。さらに苫小牧備蓄基地と同様、実物大載荷試験を実施して、試験中の三次元的な変形を測定し、改良された地盤の弾性係数とポアソン比を決定しました。

これらの値を使って、有限要素解析を行い、載荷試験中の沈下量を計算し、測定値と比較しました。計算値は測定値と非常によく一致していて、完成したタンクの沈下量も非常に正確に推定できました。

ちなみに、地盤の教科書で紹介されている弾性係数は、この検討で決定された計算式に比べかなり小さく見積もられていることが分かりました。また、ポアソン比は0.3でしたが、測定値とよく一致していました。このように実物大の載荷試験は沈下量の測定にも非常に有効であることが分かりました。

福井国家石油備蓄基地は一九八六年七月に完成しました。

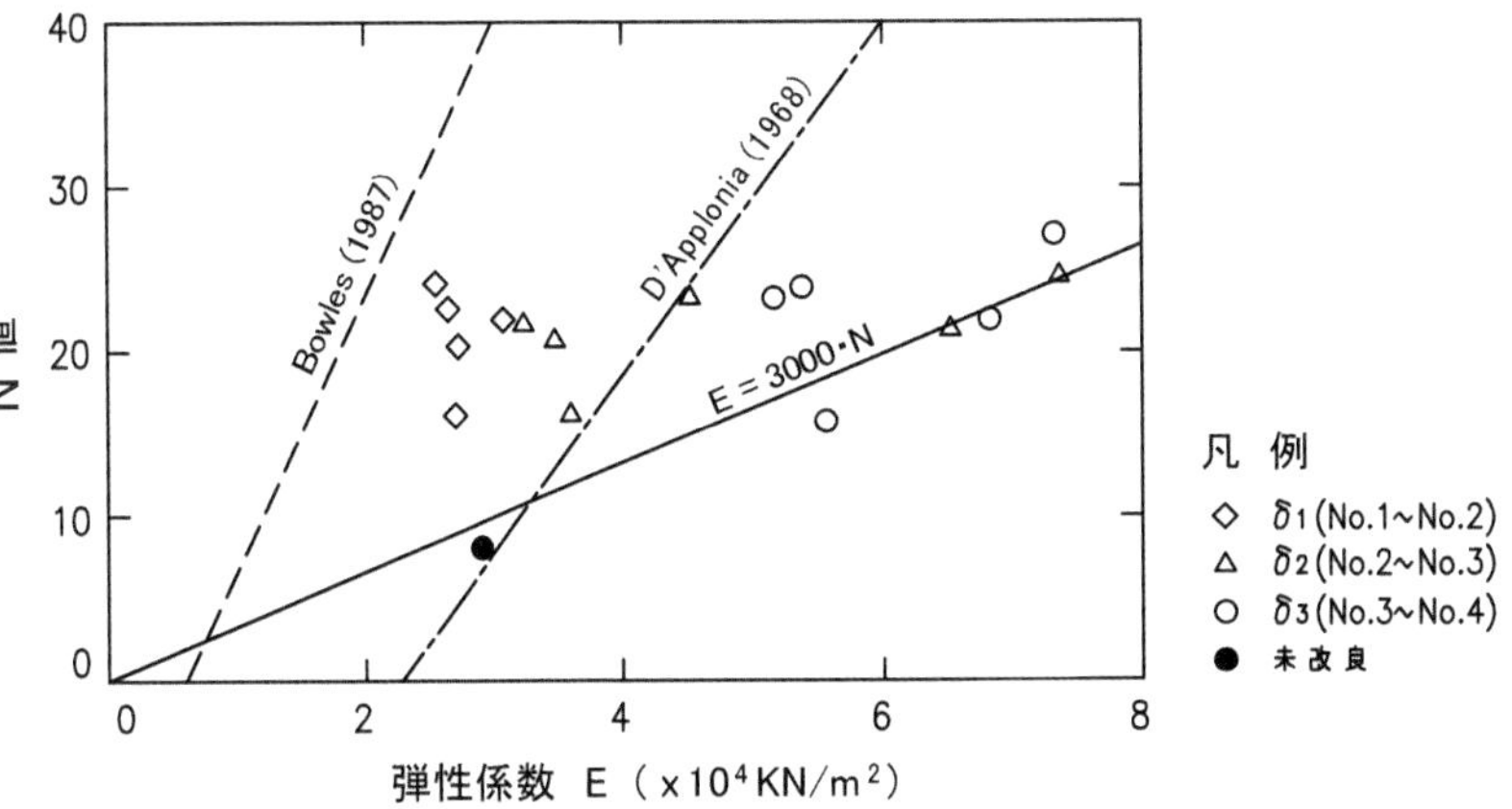

標準貫入試験　N 値と弾性係数

志布志国家石油備蓄基地建設プロジェクトへの参画

この国家石油備蓄基地は、一九八四年九月に立地が決定し、同年建設の推進母体となる国家石油備蓄会社が設立されました。

同基地は鹿児島県志布志湾内に位置しており、良好な港湾条件に恵まれ、また、日南海岸国定公園の一部であり、周囲の景観を損なわず、美しい自然環境との調和を図る景観対策を講じる必要があったため、出島方式がとられ、景観に対して充分な配慮がなされました。

建設されたタンクはシングルデッキ型浮屋根構造で11万kLを12基、11.6万kLを5基、12.1万kLを26基、合計43基でした。

当基地建設のためとられた景観対策は石油公団による基本計画調査において、基地景観計画検討が実施され、国定公園内にできる備蓄基地の周辺景観環境に及ぼす影響をフォートモンタージュという手法によって評価したものです。

敷地とタンク群

この手法は、実際に撮影した写真の上に、出来上がりの基地の絵を描く手法で、作成を始めた時期がお盆の時期と重なったため、大阪よりヘリコプターで8時間もかけて現地に飛び、30枚以上の写真を撮り作成しました。現在では、コンピュータグラフィックスが発達していて、容易に作成できますが、当時は遠近法に基づき絵描きさんが直接描いて作成しました。当時としては、環境問題で景観を定量的に分析した画期的な検討でした。

基地周辺に盛り土がある場合

基地周辺に盛り土がない場合

当基地は地盤工学的に解決しなければならない問題が数多くありました。それらは、

(1) 乱したシラスを用いて埋め立てられたが、この乱したシラスの研究が今までされていなかった。

そのため、非常に詳細な土質試験を実施し、シラスは砂の性質をもっていることを示した

(2) 埋めたてに使ったシラスが砂であることは非常に大きく、経済的な基礎となった。

(3) シラスの透水性が非常によく、地盤改良用の砂杭の材料に用いられ、さらに経済的になった。

(4) 埋立て方法を研究し、より粗粒のシラスがタンク基礎付近に集まるよう工夫した。

(5) 事前の予備調査（F/S段階）では発見されなかったが、深い深度でシルト層が存在していた。

(6) 現場の測定結果から、このシルト層の沈下は比較的早く収束することが分かった。

基礎地盤の形状が非常に複雑でしたが、上部の地盤はサンドコンパクションパイルで改良し、実物大の載荷試験を行って改良の仕様を決定して、安全で経済的なタンク基礎の建設を行いました。

詳細な土質試験や現場の沈下測定を行った結果、現地発生のシラス層の性質を活用して、非常に経済的な備蓄基地の建設ができました。

さらに、このような工学的な基地建設への取り組みに加え、基地全体の景観への配慮が認められて土木学会技術賞を受賞しました。学会から出された受賞理由書を添付します。(次頁)

このような建設への努力の結果、志布志国家石油備蓄基地は一九九三年十二月に完成しました。

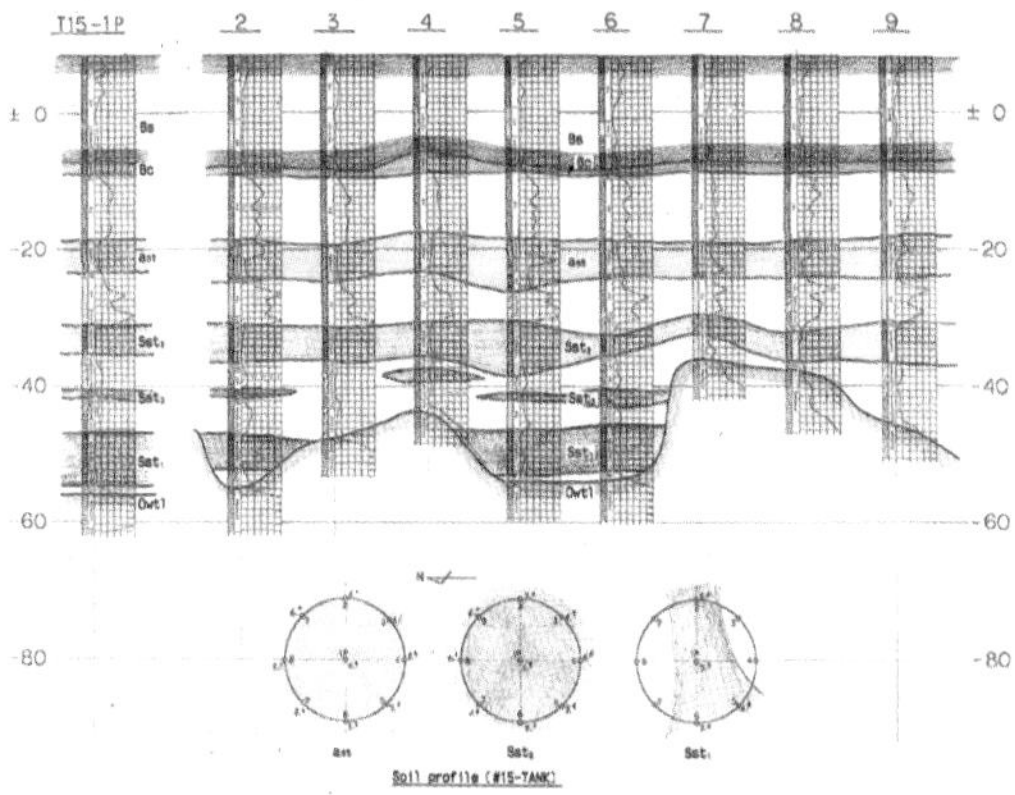

深い位置の地盤の状況

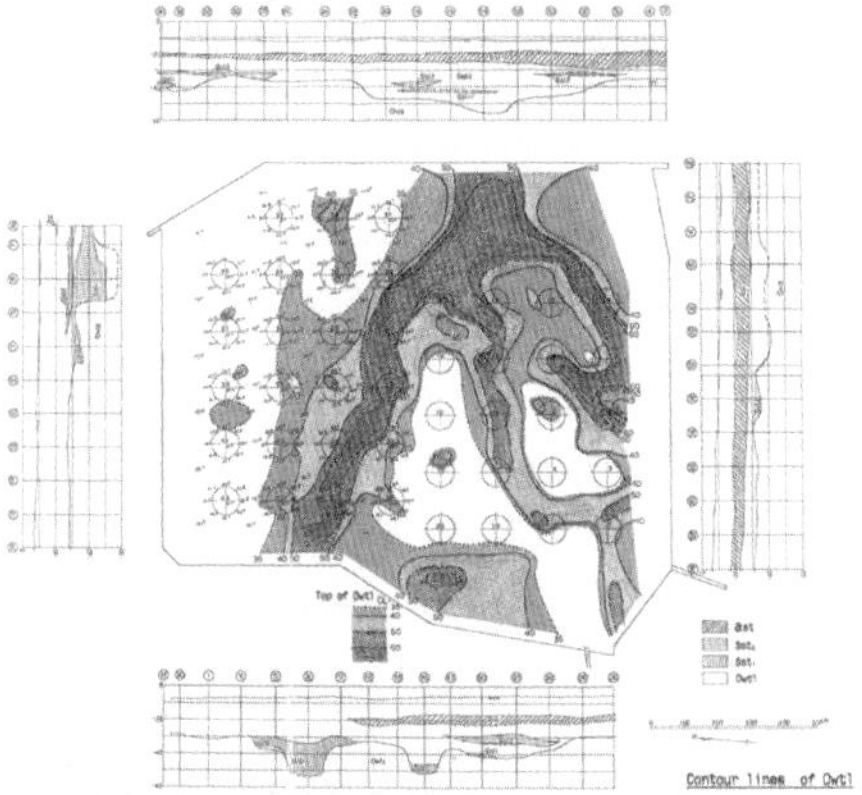

地盤の変化

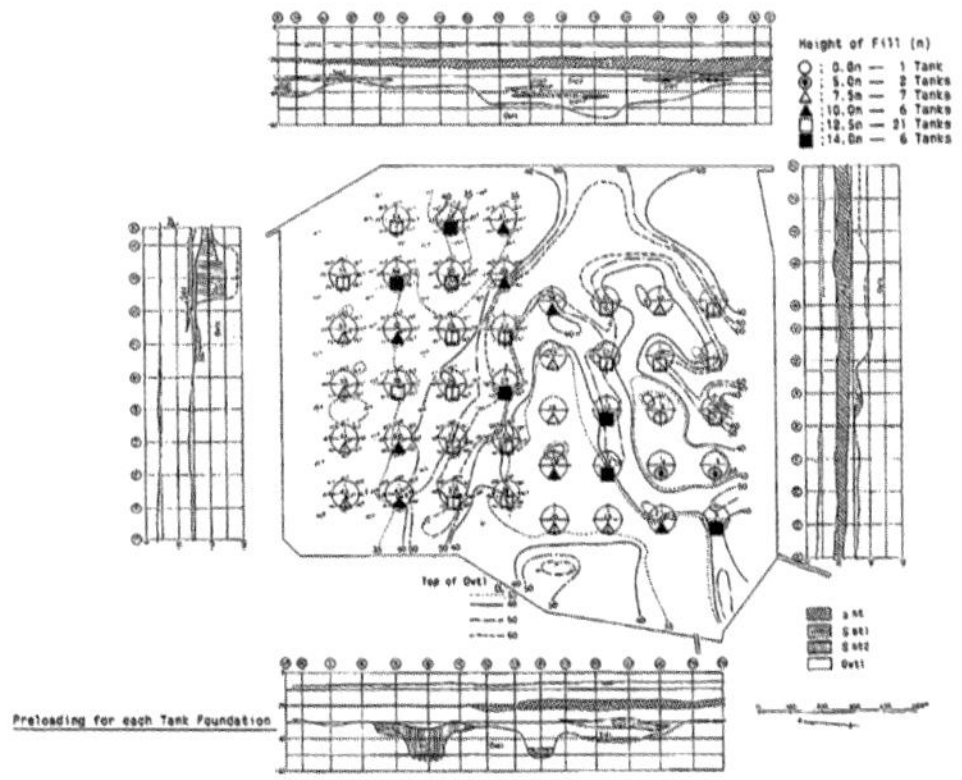

地盤に応じた載荷盛り土高

技　術　賞

Ｉグループ（土木事業の計画，設計，または施工等に関する業績）

志布志石油備蓄基地におけるタンク基礎の建設

志布志石油備蓄株式会社
日石エンジニアリング株式会社
株式会社日建設計

志布志石油備蓄基地は日南海岸国定公園内にあり，志布志湾奥部の南，肝属川河口部に位置し，海岸線より 500m冲合に浚渫シラスを埋立てることによって建設された基地であります。シラスによる人工島の埋立は，既往の事例が非常に少なく，タンク基地の建設には種々の工学的問題を解決する必要がありました。

また，基地の面している柏原海岸は典型的な，白砂青松の美しい砂浜海岸であり，この海岸からの景観や，付近のview pointからの眺望が重要な問題となりました。そこで，50枚を超えるポートモンタージュやパースから景観の検討を行い，この結果をもとに 500m冲合に建設することが決まりました。

基地建設にあたっては，以下のような項目に対して検討を行いました。

① 埋立層序の予測と経済的なタンク基礎
② 環境や景観に十分配慮した基地
③ 乱したシラスの室内試験の実施
④ 深部旧海底地盤と軟弱なシルト層への配慮
⑤ 現場締固め試験の実施
⑥ 載荷盛土試験とタンク水張試験時の挙動の推定と実証

経済的なタンク基礎の計画に関しては，タンク建設位置が良好な粗いシラスで埋立てられるような埋立工法を採用しました。さらに，埋立に用いられたシラスは，通常のタンク基礎の設計に従うと大がかりな地盤改良が必要となると判明したため，種々の室内試験を行い，細粒分が多くとも砂地盤であると実証し，基礎に対する対策を行いました。また，現場締固め試験において，埋立シラスは振動によりよく締固まり，締固め杭の材料として利用できることを実証しました。

環境や景観に関しては，基地周辺に緑地帯，植樹帯を設け，基地の陸側３辺はクロマツや常緑樹を植樹した築堤を設けることにより，これらを考慮した基地が建設できました。

タンクの安全性に関しては，タンク建設時の深いボーリング結果より判明した複雑な深部海底地盤とそこに存在する軟弱なシルト層を考慮したタンク基礎の設計を実施しました。このためには，シラス層の改良仕様，深部シルト層への載荷盛土量の決定のために，タンク実物大の載荷試験を行いました。この結果を用いて水張試験時のタンクの沈下量を推定したところ，推定値は実測値と非常によく一致しました。

以上のように，環境に配慮した人工島に，経済的で，かつ，安全なタンク基礎を建設した功績が土木学会技術賞として認められたものであります。

土木学会技術賞受賞理由

日建設計土木部門のタンク基礎の建設プロジェクトへの貢献

以上述べましたとおり、関係した石油精製会社の５箇所の製造所や、国家石油備蓄基地の３基地の建設で、日建設計が設計したタンク基礎の総数は１０００基を超え、貯油量の総計で、２８００万kLものタンク基礎の設計・施工監理を手がけています。

これは日本全体の地上タンクの当時の総貯油量８１００万kLの約35％という大きなシェアを占めていることになります。

タンク建設時から現在に至るまでの間、日本は多くの大きな地震や台風に遭遇していますが、これら各地のタンクが今まで大きな事故もなく、使用不能になったものが皆無であることは密かな誇りであり、喜びでもあります。

石油タンクという危険物を必ずしも上質でない地盤の上に、固形の杭を全く用いず、締固めた砂杭で改良した地盤上に建設したことは、世界的にも評価されています。

更に、10万kLのタンクであれば、約１０，０００本の砂杭を打設しますが、各砂杭に対して、深さが１ｍごとに砂の投入量を管理していくという、管理方法も非常に評価されました。このように、非常に綿密な管理体制から、良好な結果が生まれたものと考えています。

これらの業績は全て、学会誌やかなり大きい国際会議で報告しています。（本書176と177頁３項のリスト参照）

日建設計土木の地下施設への参画と掘削工事

日建設計土木の地下施設への参画とこれに伴う掘削工事

土木部門の地下施設への参画に於いては、建築の平井堯さんの指導を忘れては語れません。平井さんと筆者との関係は、大学の同期（彼は建築学科、筆者は土木工学科）で、日建設計入社も同期の盟友であり、プロジェクトを任される主管になったのも同時で、将来の夢を語り合った良き友でした。本当にあらゆる面でお世話になりました。

平井堯さんは、土木部門の若い技術者の地下施設や原子力施設への参画を積極的に推進してくださり、技術的な指導を担っていただいて、土木技術を巧みに建築プロジェクトに活用してくれたこと、また、動力炉核燃料開発事業団の原子力プロジェクトへも機会をあたえていただいたことに心から感謝しています。

さて、一般に、地下空間は上下水道や瓦斯《ガス》、地下鉄など都市基盤施設のために貴重な役割を担ってきましたが、初めは地味な存在でありました。しかしその後、大深度地下空間の利用が推進されるようになって、非常に脚光を浴びるようになりました。地下の開発の必要性が認識されるようになり、一九六五年頃から地下空間の利用が盛んになりました。地下空間の利用のプロジェクトで、全体の計画から店舗計画、設備計画、衛生計画さらに防災計画や避難計画まで、全て建築の設計範囲となりますが、計画される場所が道路や公共施設の下に建設されますので、構造設計は全て土木基準で行われます。また、地上の電車を含む全ての地上交通を運行しながら地下を掘削し、そこに地下街を建設していくことになりますので、工事中の仮設工事も非常に重要になってきます。このことから、地下施設の開発は建築と土木を併設している日建設計にうってつけのプロジェクトでありました。平井さんという強力なリーダーを中心にチームを形成し、地下の開発プロジェクトを進めてきましたが、一九八〇年に静岡駅前の地下商店街のゴールデン街で発生したガス爆発事故により、当時の建設省、運輸省、消防庁、警察庁の四省庁の通達が出され、原則として、地下街の新規建設を禁止するなどの厳しい地下街建設抑制策が打ち出されました。

このような環境のもと、日建設計は積極的に、地下空間開発プロジェクトに参画し、厳しい建設規制を満たした多くの快適な地下街建設に参画しています。

地下街と地下駐車場の建設プロジェクト

日建設計が参画したプロジェクトの技術的な内容はすでに日建設計から出版されているパンフレットなどで紹介されていますので、ここでは、筆者が所長時代に土木事務所が参画したプロジェクトの名前だけを紹介しておきます。

川崎地下街はアゼリアと名付けられ一九八〇年以後極めて厳しくなった地下街の安全基準を満たし、最初に建設された地下街です。地下2階に駐車場、地下1階に商店街、地上がバスターミナルで、4.5m×25mの大きなトップライトや明るくて広い通路があり、レストコーナー、派出所や行政コーナーも設けられた快適な地下街です。

神戸ハーバーランド地下街は広い地下広場が駅と再開発地域を結び、地上と同等の快適な空間をテーマに、自然排気、採光や火災時の排煙口を兼ねた大きなトップライトが特徴です。

京都御池地下街は、歴史的な建造物である京都市役所前の御池通にあり、京都市役所や古くからの町家が軒を並べる伝統的な古都の景観を守る地下街で、地下3階は地下鉄駅、地下2階が駐車場、地下1階に商店街を設けることで街の近代化を図っています。

大阪ダイヤモンド地下街は都心部の大規模ネットワークで西梅田地区への延長も検討されています。二百万人を超える乗降客を想定し、地下街だけでなく周辺のビルも含めて地区防災計画が行われています。

コア・シティ計画は「横浜みなとみらい21」新線地下駅上に建設された、業務、商業、ホテル、住居、文化施設等からなる巨大複合施設であり、この施設の地下空間は全体の中心となる8層吹き抜けのアトリウム「ステーションコア」に直接繋がります。地下駅からすり鉢状に、歩行者空間を通して、ランドマークタワーや横浜国際平和会議場へネットワークされています。

地下駐車場

地下駐車場は地下街に比べ、やや土木的な要素が強くなりますが、建築部門と協力して、次のような、数多くのプロジェクトに参画しました。ここでは、地下駐車場単独のプロジェクトを紹介します。

広島地下アクセス道路、名古屋エンゼルパーク地下駐車場、神戸花隈公園地下駐車場、京都市円山公園駐車場、岡崎市地下駐車場、京都鴨東駐車場、岐阜金岡公園地下駐車場、神戸三宮地下駐車場、湊川地下駐車場、栄町自動車駐車場、浜松駅前サンクンガーデン、長野駅東口地下駐車場など、建築の協力を得て、数多くの地下駐車場の設計、施工監理の業務を行いました。

鉄道―地下鉄道、高架鉄道、新交通、モノレールなどの施設

この分野は土木単独のプロジェクトで、一九六五年頃初めて地下鉄の設計に参画して以来、数多くの地下鉄駅舎の設計に参画してきました。鉄道に関する業務では、筆者が土木部門の代表を退任する頃には、全国多くの大都市の代表的なプロジェクトに参画しました。

地下鉄駅舎施設の代表例

大阪市交通局中央線本町停留場、横浜市交通局3号線横浜停車場、名古屋市交通局3号線伏見停車場、神戸市交通局山手線大倉山停車場など。これらの停留場・停車場は各都市の代表的な駅舎です。このほか、各都市で数多くの地下鉄駅舎の設計をしています。

高架駅舎施設

西日本鉄道大牟田線大橋駅付近連続立体交差構造物、名古屋市交通局1号線上社―藤が丘間高架構造物、名古屋鉄道常滑線神宮前―大江間連続立体交差構造物、小田急電鉄多摩線多摩センター駅、阪急電鉄宝塚線池田市内連続立体交差構造物、大阪市交通局南港ポートタウン線、地区センター付近高架線、地区センター東停留場、住之江公園―釜口町間高架、神戸市企画局神戸新交通ポートアイランド線中公園停留場、中埠頭停留場、北埠頭停留場、大阪高速鉄道大阪モノレール千里中央停留場、山田停留場、万博公園停留場、茨木停留場、南茨木停留場、他多数の施設を設計しています。

日建設計土木の掘削問題への取り組み

筆者が土木事務所長に就任した一九八七年頃は、まさにバブル期であり、建築物は大型化、高層化が進むとともに、建築物地下部分の大深度地下掘削や若齢地盤での超高層建築計画など、地盤に大きな負荷をかけるプロジェクトが続きました。

特に地下掘削に伴う山留め支保工は、仮設構造物であるため建築部門では設計せず、ゼネコンの任意仮設処理されるのが通例でした。建築全体の工事費の大きな部分を占める山留支保工計画に対する日建設計の主導権を回復すべく、土木設計事務所が協力してその施工方法や工事費算出を行うこととなりました。

山留め支保工以外にも、近接施工解析や地盤改良設計など地盤に関わる問題を全て担当するようになりました。

これら、日建設計で取り組んだ掘削問題の実施例を示すと次のとおりです。

(1) 新しく建設されるビルの非常に近くに都市高速道路の橋脚があり、ビルの掘削の深さが橋脚の底版より深いため、土留壁にコンクリート製の連続地中壁を使い、強固な支保工で水平移動を防ぐ対策を立て、これを三次元有限要素解析で確認した。現在まで、地震時を含め、高速道路には全く問題は起こっていない。

(2) 新しく建設されるビルの近くに地下鉄の円形のシールド工法部分が通っているビルの掘削の深さがシールド管より深かったため、土留壁や支保工を強固なものとする対策を立て、有限要素解析を行って、シールドの安全性を確認した。この地下鉄のシールド管も現在に至るまで全く問題なく、地下鉄は運行している。

(3) 超高層ビルの建設にあたり、地下水位がかなり高い場所で掘削をするため、施工中や完成後、浮き上がりの心配があったため基礎に地中アンカーを設置して掘削した。

(4) 建設するビルの幅が非常に大きいため一度に掘削すると横方向に変形することも考えられたので、ビル中央部を先に掘削するアイランド工法が採用され、安全に掘削ができた。

(5) 関西の空港は非常に大きな沈下が生じるため、ここに建設される空港のビルでは、柱脚の沈下に応じた調整が必要であった。沈下量の予測と実測、これに合わせた調整など、日建設計の建築と土木の協力のもと、実施されている。

以上のように、日建設計が設計する施設の掘削方法の決定や沈下量のコントロールなど、全て、日建設計のもつ技術力で解決することになりました。

このように、日建設計が施設の掘削を監理することで、非常に経済的な掘削ができたと考えています。

阪神・淡路大震災

阪神・淡路大震災

一九九五年一月十七日未明に発生した阪神・淡路大震災は、我が国で初めて震度7を経験する地震で、神戸市や西宮市などで、鉄道、道路、港湾などの土木施設をはじめ、建築物、ライフラインなどの都市施設に多大な被害をあたえました。

筆者は、当日から関西方面の正月の挨拶まわりで、羽田空港より大阪行き一番機で出発しました。搭乗口で、神戸で地震が発生した、と聞きましたが、神戸は地震が少ないところ、と考えていたので気にすることなく出発し、伊丹空港に無事着陸しました。「今から思うとよく着陸したな」でした。着いてびっくり、阪神間は大変なことに。直ちに予定を変更し、神戸へ。幸い阪神電鉄の青木駅まで動いていたので、三宮まで二週間、毎日、毎日、ルートを変えながら徒歩で、今までお世話になったお客様のお見舞いや被害状況を見てまわりました。

同時に、土木部門内に検討チームを立ち上げ、阪神地方で設計監理を行った施設の被害状況の把握、復興計画や設計の立案に参画し、今後の街づくりに向けて全力で活動しました。

このように日建設計土木部門が種々の分野で取り組んだ自主的な調査・検討の結果や、参画した復旧設計と復興計画などは、「耐震設計の技術―阪神大震災に学ぶ―土木編」としてまとめました。

地震発生から既に二十九年が過ぎ、今までに多くの公式報告書で地震の詳細が報告され、また筆者らも前述した報告書をまとめましたので、この地震に関することはこれらの報告書を参照ください。

ここでは、筆者が担当した鉄道施設の復旧方法と人工島地盤改良と沈下の関係についてのみ述べることにします

鉄道施設の復旧方法

鉄道施設の復旧方法

阪神間の鉄道は4路線、JR在来線、JR新幹線、阪神電車、阪急電車です。この中で、最も驚いたのはJRや鉄道研究所が考えられた山陽新幹線の復旧方法でした。

山陽新幹線の復旧方法

新幹線の高架橋の柱は、かなり傷んでいた箇所もあり、また、上部に架かっていたPC橋（プレストレストコンクリート橋）などの幾つかは、地上まで落橋していましたので、当然作り直して復旧されるものと思っていました。

ところが、高架橋は被害を受けていた柱の鉄筋を継ぎ足し、さらに周りの鉄筋を増強して元の位置

まで作り直し、復旧されました。

ＰＣ橋は、一気にドーンと落ちたのではなく、地震中グラグラとゆっくりと落ちたので、橋梁はそれほど致命的な損傷は受けていない、との結論で、一部修理して流用して復旧されたそうです。

後日お聞きしたことですが、鉄道研究所では、過去に起きた東北地方の地震から、災害を受けた新幹線高架橋の修復方法を研究されており、その研究成果を今回の新幹線の復旧工事に生かされたとのことです。流石だなと感心すると同時に、日頃からの地道な研究の大切さを痛感しました。

筆者が担当した鉄道施設の復旧方法

日建設計土木部門が参画した鉄道施設の復旧方法では、基礎構造物から全て新設で復旧する方法を提案し、認められました。これは次のような理由でした。

まず、被害が大きかったこと。

この区間の高架橋は、一九六七年に完成したもので、柱５００余本の内、約9割が明らかな損傷を受けており、その中でも1割は完全に崩壊し、最も被害の大きい所では、約３５０ｍにわたり横倒しの状態となっていました。

筆者が他の施設を見まわっている時、多くの施設で基礎杭にクラックが発生していることを認識していて、次に起こる地震時の水平力に対する抵抗力に疑問をもっていましたが、高架橋の復旧対策にあたっては、鉄道の公共性や社会的な使命から、一日も早い復旧が望まれ、工事は効率的でかつ経済的な復旧方法であることも求められました。これらの状況と、次にあげる理由を考慮して、鉄骨鉄筋コンクリート造（ＳＲＣ）ラーメン高架橋案を提案、採用されました。

①　既設柱は６ｍスパンだったので、このフーチング位置を避け、12ｍスパンで杭の構築が可能。

②　12ｍスパンは、鉄筋コンクリート造（ＲＣ）でも可能だが、ＳＲＣの方が種々の利点が多いためである。

③　ＳＲＣの柱のせん断耐力は、ＲＣに比べ、倍以上の強度があり、じん性に優れ、有利である。

④　土木工事の後に、軌道工事や電気工事が必要なので、一日も早く軌道階スラブを構築する必要がある。これに対しては、ＳＲＣは逆打の施工ができるので、工期の短縮が可能である。

⑤　ＳＲＣの場合の型枠工は、鉄骨を核として、支保工なしで施工でき、迅速に行うことが可能である。

このような方法で、将来に不安を残すことなく復旧ができたこと、また鉄骨鉄筋コンクリート造を採用したことで、ＲＣ構造による復旧よりも約一ヶ月間復旧期間が短縮されたこと、さらに柱間のスパンが12ｍと倍になり、高架下空間の利用がより有効になったことなど利点も多くありました。

地盤の被害状況

　神戸のポートアイランドと六甲アイランドはともに埋め立てて造成された島ですが、阪神・淡路大震災では、地盤の液状化が見られました。

　ポートアイランドは二期に分けて埋め立てられましたが、一期工事で埋め立てられた地盤の方が、影響は大きく、噴砂が見られ、10㎝から40㎝の沈下が認められました。埋め立ての中央部では平均約30㎝沈下しました。一方、六甲アイランドでは、噴砂量はポートアイランドに比べ少なく、平均の沈下量は10㎝程度でした。

　これらの二つの埋め立て島では、部分的にサンドコンパクションパイルやサンドドレーンで地盤改良されましたが、この部分の沈下は非常に小さく、地盤改良が有効でした。

日建設計土木と海外業務

海外業務の内容

一概に海外業務と言いましても、日建設計土木が参画したものには、次の三種類の業務があります。

(1) 国内施主から受託し、国内で作業を完結するもの。

(2) 国内で設計して海外で設計の一部と施工監理業務を補助するもの。

(3) 土木建築に関して工事の一切を日建設計が主に取り仕切るもの。

日建設計土木部門が参画した初期の海外業務は、前述の(1)や(2)の業務で、一九五九年のブラジルの製鉄所工事で、日本の鉄鋼会社の依頼に応え、工場建屋、施設、機械設備基礎の実施設計、現地技術指導を担当したものです。その後、マレーシアの製糖工場など、主に工場関係の施設を多く手がけています。

この内、コンサルタントとしての役割を十全に果たすうえで最も好ましいものは、(3)の業務で、筆者が担当した以下に示すようないくつかの海外業務で実現しています。

マレーシア　サラワク　ＬＮＧ地下タンク基礎のオーナーズコンサルタント業務

一九八〇年に完成した欧州石油メジャーのプロジェクトは、日本有数の冷凍タンクのメーカーが受託されたもので、日建設計はＬＮＧ地下タンク基礎の設計、施工監理を担当しました。

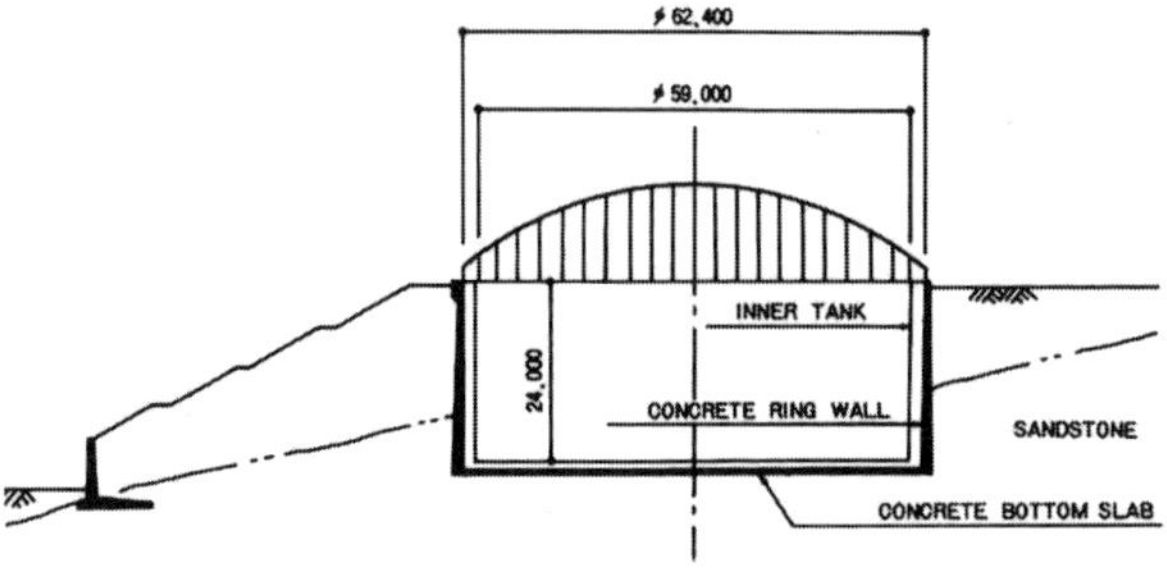

サラワクLNGタンク

冷凍装置を担当されたアメリカ合衆国ヒューストンのエンジニアリング会社と一緒でしたので、時には日本からヒューストン―アムステルダムと世界一周する打ち合わせで、ハードなものでした。世界的なプロジェクトで、非常に良い経験でした。

納入された内容は、６５，０００kL４基、ＲＣ外槽とＲＣスラブは直接基礎です。タンクの仕様は欧州石油メジャーの設計思想により、外槽はコンクリート製で、内槽は耐低温鋼製、屋根はドームルーフの外槽と、それからの吊り屋根から構成され、タンクの外側は盛土により、地下タイプとなっています。

基礎地盤は硬い泥岩と砂岩で、直接基礎です。外槽コンクリートはＬＮＧの漏液を考慮して耐低温鉄筋を使用しています。

ニュージーランド政府が直接経営される国営の製鉄会社のプロジェクト

ニュージーランドはもともと自然豊かで、羊毛、乳製品、農業産品などの生産で国際的に豊かに見られてきましたが、価格低迷で、農業国からの脱皮を目指し、数々の工業化プロジェクトが計画されました。その一つが、無尽蔵と言われる砂鉄を原料にした鉄鋼製品の生産でした。

このプロジェクトはその延長上のもので、年間55万tの圧延と冷延工場建設プロジェクトでした。この建設事業を担当する設備メーカーを選定するにあたり、今までの技術的な協力関係にあった日本の大手製鉄会社から全面的な支援を受けて、国際的な競争入札で決定することになりました。

競争入札に参加した設備メーカーは、日本、英国、ドイツから選ばれた世界を代表する機械メーカー5社で、長期間にわたる審査が行われ、質疑応答も繰り返されましたが、日建設計が土建分野で協力した設備メーカーが1番札となって、契約されました。単独契約としては、ニュージーランド国始まって以来の最大のものであったと聞いています。

当時のプロジェクトマネージャーをされていた方からお聞きしたことですが、この激戦の中で国際競争入札に勝った最大のポイントは鉄鋼基礎の設計に経験豊かな日建設計を起用し、ゼネコンを一切入れずに入札したことでした。このためには従来ゼネコンが請け負っていたリスクをこの会社で受け持ち、設計・施工監理から、現地業者が納入する製品の納入管理まで、日建設計と一緒にできたことにあるという、言葉をいただきました。

さらに、完成時の結果ですが、入札時に算出した全ての工事数量が三年以上経過した完成時にほとんど維持できたことは素晴らしいことであったとお褒めの言葉もいただきました。

海外工事で最もリスクの多いのは土木建築工事で、入札時の工事数量が維持できず、大幅な赤字を計上している事例はよく耳にしていますが、この工事では、工事数量の増加がなかったことがプロジェクトの成功に貢献したことを知り、安堵しました。

この競争入札を勝ち抜くために取った方策は、現地業者との労働問題など、いろいろとあったものと考えていますが、土木建築工事では、入札時から協議、工夫を重ねて、長年培ってきた経済的な設計手法を駆使し入札工事数量を低く抑えたことと、短い工期を乗りきるため現地の土木建築工事をゼネコンへ一括発注ではなく、種々の工事をバラバラに発注し、工事監理を徹底する方法で臨んだことなどが、受託に結びついた要因の一つであったと考えています。

もう一つ、プロジェクトが成功したのは、ニュージーランド最大手のコンサルタント会社が現地で日建設計に協力してくれたことでした。毎週、施主や現地の業者からクレームレターという工事に関する質問や変更願いの手紙を受け取り、一週間以内に回答しなければなりません。これが大変な業務でした。技術的な回答案は主に筆者らが作成して、このコンサルタント会社の優秀な担当者が回答書を作成してくれますが、読み返してみますと見違えるほどに素晴らしい回答書となっており、法律用語を駆使し、直接的でなく間接的によく練られ工夫された文面であり、我々理系の非母語の者ではとても書けないものでした。

このプロジェクトで、担当された設備メーカーの日本側の責任者で、プロジェクトダイレクターを務められた方やこの補佐役のプロジェクトマネージャーの方には、見積りの段階から、また、契約後は現地で、土木建築に関する建設のコンストラクションマネージメントについても有意義なご指導を賜りました。

日建設計の体制は東京に「ニュージーランド室」が設けられ、東京事務所代表がこのプロジェクトの責任者に、筆者がプロジェクトマネージャーとして、プロジェクトを担当することになりました。実務のことでは、このプロジェクトは日建設計の技術者の頑張りが成功のもとです。東京では土木と建築の設計を取り仕切ってくれた方々、現地に常駐してくれた日建設計のスタッフの方々——最初の造成工事から最後まで現地に滞在し、業務全般の進行を補佐してくれた方、世界でも例のない5本もの圧延基礎設計の経験をもち、建設業者を指導してくれた方、現地での必要な追加の設計に対応してくれた方、施工監理を担当してくれた方、建築工事総括者として、建築の設計段階からチームに参画し、補佐してくれた方、最も不慣れな事務管理と膨大な文書管理をしてくれた方々など——日建設計の建築と土木のベストなメンバーに参画していただき、この業務を完遂することができました。

台湾製鉄 China Steel Corporation 二期増強工事でのオーナーズコンサルタント業務

台湾製鉄（ＣＳＣ）の一期増強工事では、２、３の工場の実施設計を担当しましたが、この実績が評価された、二期の設備増強のための土建工事では、オーナーの立場に立って建設業者を監督し、チェックするオーナーズコンサルタント業務を受託しました。これは、現地で業者を指導、提出されてくる設計図書の検査、現場での監理業務等でした。

このプロジェクトは長年積み上げてきた地道な設計活動が認められて、施主の上層部と基礎や地盤の問題を議論できる立場になりました。いわばオーナーズコンサルタントへの記念すべき第一歩でした。特に、ＣＳＣの会長とは会議を通じて仲良くなり、直接設備基礎の経済性について議論する機会を得ました。

今後このような業務の受託を目指す先駆けともなったプロジェクトでした。

リビア国のセメントプラントに対する土木建築分野の設計と承認業務

施主はリビア国重工業省であり、主契約者は日本の総合設備メーカーで、日建設計は契約により土木建築分野の設計と承認業務を担当しました。

設計対象は、セメントプラント（100万t／年）の造成（雨水排水、アクセス道路など）、クリンカーハウス、ブレンディングサイロ、ヒートタワー、キルン（基礎）、ミルハウス、セメントサイロおよび維持管理のための付属建屋等でした。この業務を土木と建築が担当しました。

承認業務は客先のオーナーズコンサルタントから承認を獲得する業務であり、対象は図面にして1200枚に対する承認業務でした。土木の担当者が総合設備メーカーのロンドン事務所にデスクを持ち、オーナーズコンサルタントとの協議を重ねました。図書全体の承認を得るのに約一年を要しました。

シンガポール Marina Bay Area の共同溝のプロポーザルでの成功と地下鉄での敗戦

シンガポールの Marina Bay Area の共同溝（Common Service Tunnel）に対する、一期の工事の計画であり、延長1.4㎞のプロポーザルに勝利し、二期の1.6㎞の区間も引き続き担当しました。

この共同溝には冷却水、水道水、ゴミ収集パイプと電気や電話線などが収納される計画で、一期区間は Bay Area のオフィス街に、二期は、住宅地の区域まで延長される計画です。完成すると、当時世界最大で、最も高価な施設であるということでした。

このシステムは、日本の関西空港近くの臨空タウンのシステムを参考にしたものでした。受託決定後、シンガポールの計画局の局長が日本の臨空地区に来られたとき、時の大阪府知事は横山ノック氏で、大学からの友人で同級生が副知事であったこともあり、横山知事が局長と直接お会いくださり、共同溝に関する有意義な会議をもっていただくことができました。

後日談になりますが、局長はこのことを大変よろこばれて、筆者たちがシンガポールに行った時、担当者と共に局長室に招かれ、食事までご馳走になり、楽しい思い出となりました。

一方、このプロジェクトに関連して、シンガポールでは残念なこともありました。それは、Maria Bay Area の地下鉄（MRT）のプロポーザルです。第一次のプロポーザル審査では、日建設計の土木と建築共同で素晴らしいプロポーザルを提出することができ、第一位で審査に合格しました。しかし今回のプロジェクトでは、口頭試問の審査があり、当時問題となっていた地下シェルターの問題を質問されたのですが、全く予期しないもので、満足に答えることができない、という大きなミスを犯し、受託に失敗しました。

英文のプロポーザルの提出に最初から協力してくれたニュージーランド出身の技術者に口頭試問の審査に参加してもらわなかったことも、敗北の一因でしたが、少し油断があったのではないかと反省しています。これに勝利していれば、筆者の以後の海外活動も変わっていたと大変残念な敗北でした。

社外活動

海外での講師や講演会

筆者は何回か外国で講演する機会に恵まれました。ヴァージニア工科大学の教育プログラムでの講義や招待講演会、専門分野での国際会議での基調講演などです。

講演の方法は、これも Duncan 先生から教わったとおり、講演の内容を記したペーパーは、最初の謝辞をメモしたもの以外は持ちません。

これは、「自分自身の言葉で話しなさい。(Speak by your own words.)」ということと、「話す内容はスライドが教えてくれる (Slides tell you what you should speak.)」、と教えていただいたことを忠実に守ってきたからです。主な講演の内容を簡単に説明します。

ヴァージニア工科大学（Virginia Tech.）での講義

最初の三つは、Geotechnical Leadership Program の一環として行ったものです。この Program は、かなり経験を積んだ技術者が学部や大学院の学生と一部教官に対して行う講義で、Duncan 先生から

「何かできないか」ということで引き受けたものです。

（1） Tank Foundation Case Histories

この内容は、石油精製会社の設計実績、タンク基礎の原理、コンポーザーパイルによる地盤改良、国家石油備蓄基地の設計実績と実物大載荷試験などで、その実績を説明しました。

（2） Lessons from Hanshin Earthquake

この内容は、阪神・淡路大地震の被害状況と日建設計土木が行った原因究明や解析結果を中心に説明しました。

（3） Deep Excavation Case Histories

この内容は、鉄鋼の熱延工場や縦型連続鋳造工場等土木工事の深い堀削の他に、都市部で地下鉄や道路基礎などに近接して建設されるビルの深い堀削を行う場合、解析方法や施工方法の実績を示し、計測施工の重要性や問題点などを説明しました。

更に、Duncan先生の依頼もあり、国際協力のあり方や、ビジネスチャンスの可能性なども議論しました。三つの講義に対し、聴衆の皆様から出された感想で、相当反響があったように思いました。

Ozawa Geotechnical Library（小澤地盤工学図書館）

少し異質なものになりますが、ヴァージニア工科大学ということで、ここで紹介します。アメリカの有力な大学であるヴァージニア工科大学の地盤工学科の図書館の名前は「Ozawa Geotechnical Library」と名付けられています。大学に金銭的な貢献は一切していませんが、筆者の長年にわたる地道な国際貢献に対して、アメリカの恩師で、当時大学特別教授（University Distinguished Professor）であった Duncan 先生の発議によって認められたものです。

日建設計に復帰した後も Duncan 先生と共同研究を続け、有限要素法を応用した「変形を考慮した構造物の設計法」を用い多くの設計作業に従事しました。先生は一九八四年に UC Berkeley からヴァージニア工科大学に移られましたが、その後も共同の活動は変わりなく続き、筆者は開発した設計法を用いて実際の設計作業に参画できました。前述しましたように Duncan 先生も何回か日本に来られて、共同でオーナーズコンサルタントの作業もしました。

筆者もヴァージニア工科大学の Geotechnical Leadership Program の一環として、大学で学生や若い技術者に変形を考慮した基礎の設計法の講義をしました。

一九七五年以来三十年にわたる共同研究を続けて、ささやかな国際貢献をしてきた活動が認められて、地盤工学図書館を Ozawa Geotechnical Library と命名されました。筆者にとっては大変名誉なことで、誇りに思ってきました。

筆者がこのLibraryを最後に訪れ講演しましたのは二〇〇六年ですので、この原稿を書くにあたり、先生に図書館の現状をお尋ねしたところ、折り返し返事をいただきました。この内容も含めOzawa Libraryの歴史とその後の状況を記すことにしました。

Ozawa Libraryの歴史と現状

この図書館の出発点は、Duncan先生を中心とした個人の蔵書やカタログなどで、学生に有用なものを集めてスタートしました。年月が経過するとともに蔵書や経歴書、雑誌、地盤に関するサンプルや大学院学生の卒業論文等が次第に増加し、より大きな部屋が必要になり、土木工学科の中の部屋に移動した時、「Ozawa Geotechnical Library」と名付けられました。この時から図書館員も雇われ、施設の維持管理にあたられています。

このように蔵書も増加し、発展してきた図書館でしたが、コンピューターの発達にともない、本以外の種々のInformationはインターネットで得られるようになり、約七年前に大改革が行われました。本以外は全て破棄され、図書室としての閲覧室の他に、二人から最大十二人用会議室ができ、専門的な共同作業などによく使われています。学生や教官の皆様に愛されている施設のようで、会議をするのに「Library」という言葉を省いて、「I'll see you in Ozawa」というように使われているそうです。

「OZAWA AVE」という通りもできて、講義のある時期は継続的に利用され、多くの大学院の学生に役立っていることは嬉しいことです。図書館員の方から送られてきた写真を掲載しておきます。

小澤地盤工学図書館の名札

Duncan 先生と図書館の一室で

Ozawa 通りのサイン

会議室の１つ、学生用の部屋

一九九五年、恩師の村山朔郎先生がお亡くなりになり、一九九七年四月に追悼の記念講演会が開かれ、国内外から多くの方々が参加されました。村山先生門下の卒業生が多くおられる中から選ばれて、筆者も講演することになりました。

講演論文名は、「Consideration of Displacement in Foundation Design Methods.」でした。この内容は、大学卒業時に村山先生から与えていただいた、「これからは変形を考えて設計しなさい。」、というお教えに、今までの種々の設計作業を通じて得られた結果を報告するものでありました。大別しますと次の四通りになります。

① 変形を考慮しなければ設計できない。
② 変形を考慮しなければ非常に危険側の設計になる。
③ 変形を考慮すると非常に経済的な設計になる。
④ 変形がある値に限定されると、設計は非常に難しくなる。

このような内容で、謹んで報告しました。

第三回地盤工学における数値解析に関する国際会議での招待講演

この会議は　ドイツのアーヘンで開催された数値解析の国際会議（International Conference）主催者のW.Wittke先生から招待され、講演しました。

講演題目は「Application of Numerical Method to Design and Construction Control of Deep Excavation in Japan」です。鉄鋼設備の高炉や縦型連続鋳造施設基礎の設計では、非常に深い掘削が必要となります。

一つは高炉基礎の掘削で、円形に掘削して円周方向の圧縮力で一部を持たせると同時に計測施工の方法を使って安全に掘削した内容についてでした。

もう一つは、縦型連続鋳造設備基礎で、鉄鋼設備の性格上、支保工なしで深さ40ｍまで掘削する必要がありました。これに対し円形に掘って、鋼管矢板の円周方向の剛性を非常に大きくすることによって、外部からの応力のほとんどを円周方向の圧縮力に変換して持たせるように工夫した掘削方法を提案しました。

直径43ｍ、深さ40ｍの掘削をすることができました。

これらについて、約1時間の基調講演でした。

土木学会八十周年記念事業で開催された国際シンポジウムでの講演

この講演会のメインテーマは、「都市開発と土木工学――都市土木技術の課題と展望」で、セッション4の都市地下利用と都市空間開発の現状と無限の可能性に関しての講演です。講演の題目は「The Limitless Potential of Underground Development」です。

これまで日建設計が平井堯さんを中心に土木技術者も参画したプロジェクトを紹介しました。それらは、次のような内容でした。

(1) 地下空間利用の歴史
(2) 地下空間利用の現状
(3) 日本における最近の地下空間利用事例
(4) 将来の地下空間のイメージ
(5) 地下空間利用を促進するための課題
(6) 地下空間開発技術と管理

名古屋大学での二十六年間に及ぶ講義と総長表彰

アメリカ留学から帰国してから、渡米中、何回もお手紙をくださり励ましていただいた成岡昌夫先生のお招きにより、名古屋大学で、「有限要素法の基礎と地盤工学への応用」について講義することになりました。

当時、有限要素法の地盤への応用の分野では、アメリカのレベルが数年進んでいると考えられていました。そこで、筆者は有限要素法の基礎から、できるだけ分かり易く講義を進めることにしました。その後は、筆者が開発したプログラムやアメリカで実際に解析した実例の内容を教材にしました。

講義時間は、週一回2時間で八週間の講義で、合計16時間、単位は2単位でした。この講義を二十六年間続けさせていただきました。後に総長になられた松尾稔先生や浅岡顕先生に大変お世話になりながら続けることができました。また、日建設計で多くのプロジェクトを一緒に担当した、杉山郁夫さんは、第一期の卒業生でした。

最終的に、この二十六年間の非常勤講師の働きを認めていただいたのでしょうか、二十六年後には、名古屋大学の総長になっておられた松尾稔先生より、「名古屋大学総長表彰」を受けました。大変光栄なことでした。

琉球大学での講義と環境を考慮した普天間基地建設計画の提案

筆者は琉球大学で、「コンストラクションマネージメント」について講義しました。その時、当時問題になっていた普天間基地を是非見たいと、現地を訪れました。現地を見て、ラグーンの広がった非常にきれいな海を盛り土で壊してしまうことは問題だと思い、なんとか環境を保全したまま空港の建設が可能な案を考え、「環境を考慮した建設案」を提案しました。

これは空港全体をケーソンと杭で建設し、ラグーンの海底とケーソン底の間に空間を設け、光の井戸（Light Well）で空間に光を送って、植物が育ち、動物が生きていくことが可能な空間にする案でした。模型の専門業者に頼んで、1.5m四方程度の模型も作って、現地に持ち込み、防衛省や沖縄県の関係者にも説明しました。また、米軍の基地建設責任者に説明し、さらに米軍向けのＡＢＣテレビにも出演して、「良い案」である評価を受けましたが、少し高度な建設技術も必要で、地元の建設業者だけでは実現しにくい、ということも理由の一つになって、実現しませんでした。

もしこの一部でも採用されていたら、現在問題となっている沈下の問題は解決されたかもしれない、と残念に思っています。

他の大学での講義や学会の講習会での活動

立命館大学などの私立大学で、客員教授として講義する機会を得ました。講義の内容は、専門の数値解析のことではなく、土や岩の基本的な性質や建設工事の環境への影響やコンストラクションマネージメントのことでした。驚いたことは、専門のことではなく、受講学生の人数が国立大学に比べ非常に多いことや、学生一人あたりの常勤の教員数が非常に少ないことでした。国の教育行政も少し考えねばならないのではないでしょうか。

講習会や研究会などの活動は学会の求めにしたがって務めてきました。それらは、

(1) 土木学会関西支部講習会「動的観測の活用、護岸・岸壁における実施例」一九七七年
(2) 土質工学会関西支部講習会「構造基礎の設計計算講習会――ケーソンなど」一九八二年
(3) 土質工学会「軟弱地盤上の構造物、盛土、掘削における有限要素法の適用」一九八二年
(4) 土質工学会「構造工学と土質力学」一九八八年
(5) 土質工学会「設計と数値解析」一九八九年

このほか、民間会社でも、主に、「現実の問題に対する有限要素解析を用いた問題解決の方法」について講演する機会を与えていただきました。

土木学会理事に就任、土木会館のリニューアルを担当

日建設計取締役を退任し、技術顧問に就任してから一年が経った頃、関西支部のご推薦により、土木学会理事に就任することになりました。

第一回理事会が二〇〇〇年五月に開催されたのですが、ここで、大変嬉しく、驚きの再会がありました。それは、第八十八代土木学会会長に就任された鈴木道雄氏との再会でした。

筆者が大学三回生の夏に、大学からの実習生として、建設省関東地方整備局の国道事務所でお世話になった時の指導技官で、四十年ぶりの再会でしたが、筆者のことを覚えてくださっていて、感激しました。

二〇〇〇年の土木学会の大きな事業の一つは、八十周年記念行事として、四谷の土地に、土木会館を全館リニューアルして、二十一世紀の学会活動の拠点として再整備することでした。理事会で会館再建の担当理事に指名されて、この大事業を担当することになりました。

土木会館の再建

東京都新宿区四谷の現在の土木会館の敷地は、一九五六年に国の史跡に指定された「史跡江戸城外濠跡」の中にあり、また都市計画緑地や風致地区に位置しているため、リニューアルに非常に厳しい制限が設けられていました。

土木会館のリニューアルはこの厳しい条件に対し、ひとつひとつ許可を取らねばなりません。リニューアルの建築許可を取るために必要な条件は次のようなことでした。

担当理事に就任して、まず文化財保護委員会の先生方や建築許可をいただく関係官庁をお訪ねし、許可条件などをお聞きしますと、大変厳しい回答でした。改築などは問題外、内装程度で、外観を変更することすら、なかなか許可が下りないという、厳しいものでした。そこで、文化財保護委員会の先生に、史跡の現状変更許可のための方法をお聞きしました。

この変更許可を得るためには、建設敷地と築濠石垣や民家の生活遺構の存在が予測される場所との位置関係を明確にすることが必須の条件となります。そこで、東京都新宿区図書館に通って、一八八三年に作成された、「東京都図測量原図」、「東京都地形図」および「溜池・駒込間線路実測平面図」などの古地図と現在の地図を比較して、会館の現状の位置を特定しようと試みました。ここで、非常に役立ったのが三箇所の大きい寺院で、時間と共に位置は変化しない、ということでした。

種々の検討の結果、建設予定地は甲武鉄道敷造成時の残土と関東大震災時の瓦礫により埋め立てられたもので、江戸城外濠上に位置し、歴史的な石垣や遺構には抵触しない、ことが分かりました。この事実の発見が文化財保護委員会からの建築許可の第一歩となり、改修への道が開けました。

建築許可を得るための条件

許可を得るための条件として、次のような姿勢が必要でした。

(1) 二〇三六年は江戸城築城四〇〇周年にあたり、二〇二九年から始まる外濠復元事業の際に、調査・構築方法に関する土木学会の全面的協力の姿勢

(2) 学会がとってきた歴史的土木建造物の調査と資料の保存の姿勢

(3) 江戸城外濠跡に関する資料の継続的調査と収集活動

許可を得るための会館の建築条件は次のものでした。

(1) 撤去容易な鉄骨構造の採用

(2) 地中の撹乱を最小限にする地業、ねじ込み杭の採用

(3) 要請があれば立ち退くことに同意

建築条件への承諾や学会の協力の姿勢を表明することで、史跡の現状変更の許可を得ることができました。

新しい土木会館の改修と増築概要

土木界の中心施設として土木学会活動の活性化、会員サービスの向上と社会貢献の促進を図ることを基本コンセプトにして、次のような整備計画が立てられました。

整備計画は、大手建設会社の建築家、星野時彦氏が担当されました。また、購入した家具は、日本の有名な家具メーカーにお願いし、社員の原田孝宏氏が担当されました。星野氏、原田氏と筆者は、少しでも経済的に高級な家具を導入したいと、このメーカーの旭川製作所にも数回訪れて、無垢のナラ材を一本一本選んだり、倉庫の中も見せてもらい、講堂の椅子は残っているフレームに新しく座面を張り替えて、座り心地の良いものにするなど、苦労しましたが、楽しい作業でもありました。

土木会館改修の基本コンセプトは次のとおりです。

(1) 会員が集える空間としてのロビーの多機能化とバリアフリー化

(2) 1ヶ所に集約された効率的な執務空間の整備

(3) 最大7室に分割活用可能な会議室と各種ＯＡ機器常備の最大１８０席の講堂等の整備

新土木会館は土木図書館と一体化し、断熱性や耐久性を高めるために、レンガ積み外壁とフッ素樹脂コーティングの屋根、二重サッシと複層ガラスの窓、内外装材には可能な限り自然素材を選択し、有害物質を排除した建設材料の採用、シンボルの柳を保存したエントランス等の全面的な外構の再整備が行なわれました。

改修される土木図書館の概要は次のとおりです。

土木図書館は会員のために、社会貢献のために、情報化時代に適応した土木図書館であることを基本にして、次のことが考慮されました。

(1) 収蔵と防災の能力アップ

(2) 時代に即したデジタル化

(3) 機能もネット対応も充実されたもの

元の土木会館は戦後間もなく建てられ、ほとんど後世に残すものがなかったのですが、今回は、役員会議室、図書館、会長席テーブル等でナラ材の無垢の家具が使われ、後世に伝えられることを願っています。

このように改修コンセプトにしたがって、古い土木会館が全面的に改修されることになりました。土木学会理事の任期の二年間で、土木会館の建て替えを終えることができました。当初は厳しい改築条件でしたが、親切なご指導を賜り、初期の目的を達成でき、ありがたく思っています。

完成にあたり、竣工時の土木学会会長の丹保憲仁先生から感謝状をいただきました。大変光栄なことでした。

会館入り口から２階へのアプローチ

土木会館正面

図書館

講堂

役員会議室

日建設計土木と地盤問題

日建設計の地盤工学問題に対する対応

日建設計には、建築事務所に構造部があり、建築の基礎構造に関する諸問題を解決してきました。また、土木部門では、古くから臨海工業地帯の鉄鋼、石油、電力など、重厚長大な基幹産業の諸施設の設計監理に携わってきました。さらに、近年では、ウォーターフロントのような軟弱地盤上の施設や、他の建築物または道路などのインフラ構造物に近接して建物が施工される場合も多くなり、その計画、設計に必要な地盤工学上の数々の問題を各組織が協力して解決してきました。

このように地盤工学に関する問題が深く関わってくるようになって、これまでの設計・施工監理の経験で培われた技術力に加えて、地盤と基礎に関する研究機関との連携の必要性を痛感していました。このような状況のもと、いろいろと検討した結果、中瀬土質研究所が設立されました。

日建設計中瀬土質研究所の開設

昔から親しくしていただいていた、東京工業大学の木村孟先生から、「中瀬明男先生が退官後、日建設計なら入られるのではないか」というお話をいただきました。「これは一大事」と当時の薬袋公明社長にお話し、大阪本社で、木村先生から直接薬袋社長に説明していただだいた結果、社長の大英断により、一九九〇年三月に、中瀬明男先生を日建設計特別顧問にお迎えし、「日建設計中瀬研究所（NNGI）」を設立することとなりました。

一九九二年には、慶応大学日吉キャンパスの近くの、横浜市北区日吉に遠心模型実験装置をはじめ種々の実験装置を備えた中瀬研究所が完成しました。最新の実験設備と解析技術を駆使して、地盤と基礎に関する広範な問題を対象に自主研究に取り組むことになりました。

日建設計は、これまでに超高層ビルの基礎をはじめ、鉄鋼施設、エネルギー基地建設を通じ、高度な設計技術を培ってきましたが、中瀬土質研究所は、こうした設計技術を研究所の調査研究と有機的に連携させて、社内外から寄せられる困難な技術課題の解決に向け、設計支援を行うことを目ざして、同時に、大学や他の研究機関との密接な技術交流を図り、最先端の技術情報を視野に、将来の設計技術の開発に貢献することを目的に設立されました。

研究所の職員は、大学から数名が入社され、また日建設計建築の構造専門の技術者、土木部門からも数名加わって、新築の研究所でスタートを切りました。

研究所の骨格ができたところで、筆者は土木の業務に専任しました。その後中瀬研究所では、地盤基礎工学の分野における著名な外国の研究者を含む内外の研究者による講演会の開催やNNGIレポートの出版を行い、幅広い活動を展開されました。しかし後年になって研究所は閉鎖されたそうです。

日建設計の地盤、環境部門から「日建設計ジオグループ（NSGEO）」の結成

一九九七年、筆者は土木事務所長を退任し、会社全体の環境部門を担当していましたが、この業務の一つとして、日建設計の地盤・環境部門をまとめて、日建設計ジオグループ（NSGEO）を結成することになりました。

日建設計には、建築部門に構造部、土木部門に土木設計部、調査・試験・計測等を担当する土木調査部および現場の作業を担当する日建設計ソイルリサーチが活動しています。これに、研究開発を担当する中瀬土質研究所が加わりました。

このように地盤環境部門は強力な人材が揃っていますが、各人は異なった組織に属しており、また、人材的には少しアカデミックで、一つのプロジェクトをまとめて、会社の業務の発展に貢献する能力は少し足りないように思い、やはり組織としては、一人のリーダーのもとで、基礎工学に関する強力なエキスパートが連携し、地盤、基礎に関するあらゆる技術課題の解決に取り組むまとまった活動が

必要なことを痛感しました。

人材としては強力であるので、何とかこの能力を活かしたいと思い、次に述べるSAGEという会社を立ち上げることを経営会議に提案し、了承されました。

株式会社セージ（SAGE）の設立

設立のねらいは、地盤と構造体や地下水や土壌汚染などの環境に関わる諸課題への取り組みで、このことは、プロジェクトの可能性評価や設計作業において重要なものです。これらは、プロジェクトの投資コストにも大きく影響を与えるだけでなく、新たな技術的課題の有無とその対応の可能性や現在および将来のリスクの存在とその対応策などを明確にするうえで必須のものです。しかし、こうした諸課題は専門分野が多岐にわたるだけでなく複雑に絡み合うために、時として充分に評価、検討されないまま意思決定の段階を迎えることがありました。

株式会社セージは、個々の技術による単独の対応ではなく、構造工学、地震工学、地盤工学、地球環境学など諸分野の広範な技術を「プロジェクトへの活用」と言う目標に向かって集約することができる新しい組織であると考えました。

複雑に絡み合う諸課題について、高度な専門性をもつプロジェクトメンバーが連携して的確な調査、分析、評価を行って、オーナーズコンサルタントとして顧客の意思決定を支援する。また、プロジェクトの要求する課題が内部の組織だけでは対応できない場合、外部の専門家の協力を大いに得たうえで、顧客の要望に応えるグループと考えていました。

設立の経緯は、日建設計内部における地盤、建築構造、土木構造の技術的ストックを体系化、組織化して、NSGEOグループとして対外的に活動することが検討されましたが、組織化するために解決すべき種々の内的、外的問題があり、結果として株式会社セージを設立、一九九九年五月に発足させました。

「セージ」は構造、解析、地盤、環境の英語の頭文字から作った造語で、セージの業務対象を的確に表現できています。また、英語では経験豊かな、賢いとの意味もあります。設立当時のコアーメンバーは東京と大阪の建築構造専門の方々、水環境専門の方と筆者でした。

今後の会社運営の方向性について、地盤と構造体、地下水汚染や土壌汚染に係わる課題に対するコンサルティングサービスを基本としました。

幸い、業界誌にも取材・報道をしていただき、日建設計が設立した新しいユニークな形態の組織で、構造、地盤と環境などの問題に精通した技術者が現実の問題に対応する会社である、ということで、設立当初からいろいろなお施主様から応援していただいて、これ以上のことはない立ち上がりをすることができました。

しかし、社会、業務環境の変化のために、ＳＡＧＥとしての営業活動は止めることにし、会社を閉じることにしました。

日建設計土木の業務領域は大きく拡大

日建設計土木の業務領域は大きく拡大

一九五〇年の日建設計工務株式会社設立から十年間程度の土木部門の業務範囲は、大阪や和歌山の港湾関係の業務、地盤調査や測量調査の業務、米軍の業務、設備基礎の業務等が主なものでした。

一九六〇年の池田内閣の「国民所得倍増計画」からはじまった日本経済の高度成長の波の中で、重厚長大と高度成長期の花形であった鉄鋼産業、石油産業などの主要民間企業から多くの業務を受託するとともに、公共事業予算の増加に伴い官庁発注業務の受託も増加していきました。

筆者が土木事務所長になった一九八七年頃にまとめた土木の業務経歴のパンフレットでは、16の分野に分類して作成されていました。その当時の業務分野は以下のとおりです。

(1) 地域都市計画／システム分析、設計
(2) 都市開発／土地造成
(3) 交通計画
(4) 公園緑地／景観
(5) 道路、街路／広場
(6) ターミナル施設――地下街、地下駐車場、駅前広場

(7) 鉄道――地下鉄道、高架鉄道、新交通、モノレール
(8) 橋梁――道路橋、鉄道橋、歩道橋
(9) 上下水道／水質解析――上下水道計画、処理場、ポンプ場、浄水場、管渠、水質解析
(10) 河川／水管理（水量、水質）／水環境――降雨、流出解析、河川、湖沼、ダム貯水池
(11) 港湾／空港――港湾計画、港湾施設、空港計画、空港施設
(12) 鉄鋼および諸プラント基礎――製鉄、セメント、発電および肥料プラント基礎
(13) 石油プラント基礎――装置基礎、タンク基礎、特殊タンク基礎
(14) 土質調査と測量調査
(15) コンピューターの導入と技術開発
(16) 海外業務

筆者は、土木事務所長を九年間担当したので、これらの業務の概要は把握していますが、細部まで分かっているわけではありません。したがって、本書では、充分理解している分野についてのみ記述しました。日建設計土木の業務範囲からみると、一部のみ記述したことになります。全ての範囲を網羅するためには、各分野を担当されていた方々がまとめられて初めて完成ということになります。

各分野の活動内容は、すでに発刊されている日建設計土木の分野別経歴書で説明されています。

◆参考文献および著者発表の出典一覧

1．カルフォルニア大学バークレー校を含む学生時代に関する出典

- Donald W. Tayler "Fundamentals of Soil Mechanics", John Wiley & Sons Inc.,1948
- 赤井浩一、山本順一、小澤良夫「飽和粘土のせん断における間隙水圧の挙動について」土木学会論文集、１９６２年
- 林 潔「中四連絡送電線の設計」特別講演、電気学会東京支部大会、１９６２年
- Akai, K. and Ozawa Y., "On Behaviors of the Pore Pressure during Triaxial Consolidation and Shear of Fully-Saturated Clays", Proc. 6th Japan Congress, Testing, Materials, October, 1963
- Ozawa Y. "Elasto-plastic Finite Element Analysis of Soil Deformation", Thesis Presented to the University of California, Berkeley, in Partial Fulfillment of the Requirements for the Degree of Doctor of Philosophy, November, 1973.
- Duncan, J. M. and Ozawa, Y., "ISBILD : A Computer Program for Analysis of Static Stress and Movements in Embankments", Geotechnical Engineering Report No. TE-73-4, Department of Civil Engineering, University of California, Berkeley, December, 1973.
- Ozawa, Y. and Duncan, J. M., "Elasto-plastic Finite Element Analysis of Sand Deformation", Proc. of the Second International Conference on Numerical Methods in Geomechanics, Blacksburg, Virginia, June, 1976

2．日建設計の歴史に関する出典

- 太田久治郎『大阪北港二十年史』大阪北港株式会社、１９４１年
- 小西隆夫『北浜五丁目十三番地まで』創元社、１９８１年
- 橋本喬行『北浜五丁目十三番地から』創元社、１９９９年
- 林 和久『日建設計１１５年の生命誌』２０１５年

・日建設計 土木事務所、経歴書、１９８５年／１９９６年
・日建設計 土木事務所、経歴・分野別業務経歴書、１９８５－１９９６年
　分野別業務経歴書—ターミナル施設
　分野別業務経歴書—鉄道
　分野別業務経歴書—橋梁
　分野別業務経歴書—港湾／空港
　分野別業務経歴書—鉄鋼および諸プラント基礎
　分野別業務経歴書—石油プラント
　分野別業務経歴書—コンピューター解析
　分野別業務経歴書—地質・土質／測量
　分野別業務経歴書—海外業務

３．日建設計の業務に関する出典

・田村滋美、鈴木和三郎、江刺靖行、国生剛治、小澤良夫、村上秀平「貯油タンク基礎の地震時の安定性について」土と基礎、１９７７年
・小澤良夫、角南 進「タンク荷重による圧密沈下と地盤特性の関係について」接地圧の評価と設計への適用に関する土質工学シンポジウム発表論文集、１９８２年
・小澤良夫、鈴木正敏「オイルタンク基礎の不等沈下量推定法」土木学会誌、１９８５年
・Ozawa Y., Kobayashi Y. and Nada K., "Prediction of Settlement of Tank Foundation", Proc. of 11th International Conference on Soil Mechanics and Foundation Engineering, San Francisco, August, 1985
・Ozawa Y., Sunami S. and Kosaka M., "Soil Improvement Evaluation by CPT for Tanks", Proc. of In Situ '86 GT Div. ASCE, June, 1986

・小澤良夫、坂上照重、角 浩、飯田俊雄、倉崎伸雄、杉山郁夫、田中義久、小坂正明、梶原伸行「ニュージーランドスチール圧延工場建設プロジェクト―CM業務を体験して―」日建設計技報82、１９８７年
・Ozawa Y., Sunami S. and Kosaka M., "Soil Improvement for Tank Foundation on Sand Deposit", Development in Laboratory and Field Tests in Geotechnical Engineering Practice, Thailand, November, 1990
・平井 堯『地下都市は可能か』鹿島出版会、１９９１年
・Isemura K., Ozawa Y., Sunami S., Yamato G. and Tsubota I., "Behavior of Tank foundations on a Reclaimed Sand of SIRASU", Proc. of XIII ICSFE, New Delhi, 1994
・日建設計『耐震設計の技術―阪神大震災に学ぶ―』１９９５年
・土木学会 阪神・淡路大震災調査報告編集委員会『阪神・淡路大震災調査報告 土木・地盤編 全12冊』１９９６―２０００年
・日建設計『耐震設計の技術―阪神大震災に学ぶ―土木編』１９９６年
・日建設計『設計の技術、日建設計の１００年』２０００年
・土木学会「土木学会推奨土木遺産」２０００年～
・嘉名光市、増井徹「船場センタービル建設に至る経緯とその計画思想に関する研究」日本都市計画学会論文集、２０１１年
・坂下泰幸「関西の公共事業・土木遺産探訪―ビル・高架道路・地下鉄駅の一体整備」土木学会 選奨土木遺産、２０２０年
・日建設計「日建設計土木設計事務所特集」建設通信新聞社
・電鉄倶楽部 http://dencs.net/ashiya/2201hanshin15/hanshin15.htm

４．社外活動に関する出典

・小澤良夫、田村元良「動的観測の活用、護岸・岸壁における実施例」土木学会関西支部講習会、１９７７年
・Ozawa Y., "Application of Numerical Method to Design and Construction Control of Deep Excavation in Japan (Invited Lecture)", Proc. of the Third International Conference on Numerical Method in Geomechanics, Aachen, 1979

- 小澤良夫「構造基礎の設計計算講習会―ケーソン、その他基礎」土質工学会関西支部講習会、１９８２年
- 小澤良夫「軟弱地盤上の構造物、盛土、掘削（第３章）、静的変形応力解析その１」土質、基礎工学における有限要素法の適用、土質工学会、１９８２年
- 小澤良夫「構造基礎の設計計算講習会―ケーソン、その他基礎」土質工学会関西支部講習会、１９８２年
- 小澤良夫、角南 進「構造工学と土質力学」土と基礎、１９８８年
- 小澤良夫「設計と数値解析」21世紀の土質工学を考える、１９８９年
- Ozawa Y., Sunami S. and Kosaka M., "Soil Improvement for Tank Foundation on Sand Deposit", Development in Laboratory and Field Tests in Geotechnical Engineering Practice, Thailand, November, 1990
- 小澤良夫「地下空間開発の無間の可能性と課題」土木学会創立80周年記念国際シンポジウム―都市開発と土木工学―都市土木技術の課題と展望、１９９４年
- Ozawa Y., "Consolidation of Displacement in Foundation Design Methods", Professor Murayama Memorial Symposium, Kyoto, 1997
- Ozawa Y., "Deep Excavation Case Histories", Geotechnical Leadership Program, Virginia Polytechnic Institute and State University, April, 1997
- Ozawa Y., "Lessons from the Kobe Earthquake", Geotechnical Leadership Program, Virginia Polytechnic Institute and State University, April, 1997
- Ozawa Y., "Tank Foundation Case Histories", Geotechnical Leadership Program, Virginia Polytechnic Institute and State University, April, 1997
- 土木学会「土木会館・図書館パンフレット―さらなる活性化をめざして、より機能的に―」２００２年

構造地盤研究所の設立

構造地盤研究所の設立の趣旨

日建設計技術顧問委嘱期間満了につき退職したとき、恩師の柴田徹先生から「今までにない、非常に面白いコンサルタント会社」を作ろうと声をかけていただき、研究所を設立することになりました。

メンバーは柴田先生を筆頭に、筆者の大学の同級生で神戸大学名誉教授の軽部大蔵さんと、非常勤ならということで、京都大学名誉教授の土岐憲三さん、この二人は大学側から参加されました。こちらの技術者側は建築構造の鵜飼邦夫さんと監査役として関西大学教授で建築構造専門の八尾真太郎先生が参加され、筆者が土木工学に関する全般の経験者として参加することになりました。さらに、鉄鋼の専門家として、坂上照重さんと宮崎啓さんが参加してくれました。

研究所の名前は株式会社構造地盤研究所、GEOST (Geotechnical and Structural Institute of Technology) と命名しました。

この研究所は構造、地盤、防災、環境を専門分野とする大学の研究者と設計およびプロジェクトマネージメントに豊か

「知恵の網」目指す建設コンサル

建築設計大手の「日建設計」元常務、小澤良夫さん(66)=写真=が、ビルや橋などの企画・設計に応じる建設コンサルタント会社「構造地盤研究所」(大阪市)を、仲間とともに設立した。耐震、防災、環境などの課題ごとに社外から専門家を招いてチームを作る新しいタイプの会社だ。

阪神大震災当時は日建設計の土木設計責任者。被災した港湾や道路、橋などを約3カ月かけて調べ、「もっと多くの人の知恵を集めて建設していたら被害を軽くできたのに」と痛感した。

名古屋大非常勤講師を26年間務めるなど研究者とも交流があり、福山大や立命館大など4大学の教授と名誉教授を招いた。元同僚も加わり計6人と会社は小さいが、それぞれが核になって社外の専門家を束ねる計画だ。「組織を超えて知恵が行き交う『技術の商社』を目指したい」と意気込む。(桜井林太郎)

2003年(平成15年)6月25日付 朝日新聞 夕刊

な経験をもつ実務家が集まり、「知と技のネットワーク」をもとに設立されたユニークなコンサルタント会社であり、全く制約のない、自由に活動できる組織として発足しました。新聞社からも取材があり、順調に立ち上げることができたと思っています。

構造地盤研究所の目的

この組織の第一の目的は、まず、大学における研究成果を実務に反映すること、すなわち、建設TTO（Technology Transferring Organization）の役割を果たそうとするものです。技術分野の異なる専門家が、分野の枠、組織の枠を超えてチームを形成し、広範な技術を活用して最善の解答を出そうとするものです。

第二の目的は、最近のプロジェクトでは、単一の技術分野では対応できない問題が多く含まれることから、種々の異なった分野で豊かな経験をもつ専門家が、分野の枠、組織の枠を超えてチームを形成し、広範な技術を活用して最善の解答を出そうとするものです。

第三の目的は、筆者の個人的な思い入れかもしれませんが、長年鉄鋼や石油産業の設備基礎を手がけてきて、これらの設備基礎は非常に息の長い基礎だと考えてきました。例えば、設備が更新されますときに、これらの基礎は新しい設備に対応して改造されることが多く、この場合過去の設計方針が非常に重要になります。十年、二十年経過して、お客様から設計当時の問い合わせがあったときに、お応えしたいと考えていたことも、新会社設立のきっかけの一つでした。

構造地盤研究所の業務内容

このような理想をもって出発した構造地盤研究所が目指した業務内容は次のとおりです。

(1) 建築、土木プロジェクトの企画、計画、設計
設計段階で最も重要と考えられる基本設計作業に特に力をそそぎ、より安全で経済的な施設の建設を目指す。

(2) 企業、団体やデベロッパー等のプロジェクトへの企画からの参画
オーナーズコンサルタントとして、計画の段階から参画し、プロジェクトのスムーズな遂行に協力する。

(3) 設計事務所やコンサルタントとの協力
これら会社のパートナーとなり、得意分野での助言や性能設計に対応した業務を行う。

（4）専門業者との共同技術開発、技術指導

基礎工事その他専門業者と技術やノウハウの共同開発を行い、技術指導や評価を行う。

（5）構造、地盤に関する研究討論会（コロキュウム）の開催

研究所のメンバーが発表を行うと同時に、討論の主題と発表者を広く募り、技術者と研究者の交流の場を設ける。

（6）民間の若手技術者の育成と研究者の研究指導と助言

地盤工学、構造工学を体系的に教育し技術力の向上を助ける。また、実務経験を生かした研究論文作成等を指導する。

（7）過去に設計した設備基礎に対して、客先より質問や設計変更の要請があったときは、速やかに対応し、最善の対応策を考える。

研究所が担当する業務では、プロジェクトに応じて、研究所職員が責任者としてクライアントと協議しながら対応策を協議し、必要図書の作成、レポートの作成等を最終まで担当します。

柴田徹先生の闘病と逝去

研究所発足当時は、柴田先生と相談していたように、順調にスタートを切り、当初の目的どおりのコンサルタント業務を発展できると考えていました。

柴田先生は長年の間、関西の空港の地盤問題を解決する委員会の委員長を務められ、また、国土交通省や道路公団の地盤委員会にも関係されていたことから、これらの関係部局から種々のプロジェクトに参画する機会があたえられました。

一方、経験のある技術者として参画した鵜飼邦夫さんは建築事務所の構造関係のコンサルタント業務を担当し、工場建家の設計などを受託しました。また筆者は、設備基礎関係の業務や地盤の耐震検討などの業務を担当し、順調に研究所を立ち上げることができました。

このように楽しいコンサルタント会社ができた、と喜んでいた矢先、発足三年経った頃、思いもよらない残念なことが起こりました。研究所設立の中心で研究所取締役会長の柴田先生が病気にかかられ、約二年の闘病生活の末、誠に残念ながら、逝去されました。

亡くなられた後、社内でいろいろと相談した結果、とにかくできる業務を続けていこう、と決めて、現在に至っております。

構造地盤研究所が参画したプロジェクト

構造地盤研究所は小さな組織ですが、いろいろなプロジェクトに参画させていただきました。施主の担当者から「技術の継承ができた」と大変ありがたいお言葉をいただくこともありました。会社設立の目的はある程度達せられた、と考えております。

技術的なことは省略しますが、構造地盤研究所が参画したプロジェクトの概要は次のとおりです。

柴田先生と軽部先生が担当されたプロジェクト

- 構造地盤研究所が主催した講演会、「GEOST Sympodium」の企画、計画業務
- 関西の空港の地盤に関する検討解析業務
- 河川堤防の地震時の安全性に関する検討業務
- 阪神の高速道路の地盤と構造の相互作用の検討業務

建築のプロジェクト

- 建築事務所の構造関係のコンサルタント業務—多数の建築構造計画の指導
- 名古屋の鉄鋼工場の建家の耐震設計と施工監理業務

土木のプロジェクト
・大手鉄鋼会社の高炉、設備基礎や水処理施設の基礎設計業務
・アースダムの解析検討業務
・熱応力を考慮した設計方法の検討など、新しい設計方法の検討
・大手軽金属製造会社の圧延設備などの施設の設計と耐震対策

外国のプロジェクト
・シンガポールで発生した地下鉄構造物崩壊事故対策業務
・石油精製会社の外国の製油所敷地開発検討業務
・大手商社の外国における工業団地開発計画検討業務
・インドネシアのＬＮＧ製造基地の建設プロジェクト

このように、参画したプロジェクトのうち、特に思い出深いものについて説明します。

構造地盤研究所主催の研究会で、「GEOST シンポジウム」の開催

柴田先生が主に企画、計画され実行したものですが、研究所が主催した講演会で、研究所の主要なメンバーと外部から最先端の研究者や実務経験者をお招きして、話題を提供していただき、会場で話し合う形式で行いました。研究会終了後は参加者に軽食も提供し、自由に話し合う楽しい会合で、報告された内容は「GEOST Sympodium Report」として記録しました。

GEOST Sympodium での講演内容と講演者名

GEOST Sympodium 2003

- 地震防災の現況と展望　土岐　憲三　先生
- 人工島造成の諸問題　古土井光昭　先生
- 治水の現況と展望　中川　博次　先生

GEOST Sympodium 2004

- プロジェクトXは、どこまで工学たり得るか　栗原　則夫　先生
- グローバル化時代における日本の耐震工学技術　中島　正愛　先生
- 大地の異変をみつめて50年　柴田　徹　先生

GEOST Sympodium 2005

・土工事に理論は役立っているか　軽部 大蔵 先生
・構造実験のねらい —どのように壊すのか、どこまで壊すのか—　福本 啁士 先生
・地盤工学に関わる研究生活の回想 —設計マニュアルの功罪—　吉見 吉昭 先生

GEOST Sympodium 2006

・海溝型巨大地震に備えて —高度化する巨大都市は大丈夫か—　釜江 克宏 先生
・遺跡で探る地盤災害の歴史 —地震考古学からのメッセージ—　寒川 旭 先生
・土と基礎構造物の性能設計に向けて　石原 研而 先生

柴田 徹 先生 Memorial Sympodium 2007

・ダイレイタンシーとベーンせん断　軽部 大蔵 先生
・現場計測へのこだわり —RI コーン貫入試験装置の開発と適用—　三村 衛 先生
・堆積微地形を測る—イベント過程を視野に入れて　関口 秀雄 先生
・東南アジアにおける建設動向　Wanchai Teparaksa 先生
・神戸空港島の建設　伊藤 文平 先生
・軟弱地盤技術における設計知の構造化の試み　栗原 則夫 先生

GEOST Symposium 2008

・All Soils All States All Round Geo-analysis Integration を目指して　浅岡　顕　先生

・活断層研究における最近の話題と問題
　―内陸大地震を引起した不明瞭な活断層と原発周辺の活断層問題―　岡田篤正　先生

・地球シミュレータを用いた大規模構造解析　橘　英三郎　先生

GEOST Symposium 2009

・伝統構法木造建築物 ―耐震設計における最近の動向―　鈴木祥之　先生

・構造工学の科学 ―構造物の塑性変形能力と構造物の成り立ち―　和田　章　先生

・明治の先達に学ぶ―学問することの大切さ―　木村　孟　先生

GEOST Symposium 2010

・1968 十勝沖地震と建築物の耐震化 ―耐震診断基準と新耐震設計法―　岡田恒男　先生

・心配な複合災害の発生 ―東京と大阪の壊滅―　河田惠昭　先生

・文化遺産の危機管理　土岐憲三　先生

関西の空港に関するプロジェクト

柴田先生や軽部先生は地盤の沈下の問題が初めて検討された時から関係されてきました。その関係から空港の造成による地盤の挙動に関する多くの業務を担当することができました。

この中で特に思い出の深いプロジェクトは関西の空港会社が主催された「関西国際空港地盤工学シンポジウム」の企画・準備および運営の業務です。

この国際会議にアメリカの恩師であるDuncan先生も招待され、記念講演をされました。関西国際空港の建設工事は二〇〇一年、米国土木学会（ＡＳＣＥ）から二〇世紀を代表する十大建設事業の一つに認定された大プロジェクトでありました。日本とアメリカでの恩師と同じテーマで議論できる又とない機会に恵まれ、貴重な楽しいひと時を過ごすことができました。

インドネシアのＬＮＧ基地建設プロジェクト

このプロジェクトは英国の石油メジャーがインドネシアでＬＮＧ基地を建設するプロジェクトであり、日本のエンジニアリング会社で、ＬＮＧ受入基地、石油精製、石油化学・ガス化学などオイルとガスのあらゆる分野における幅広いエンジニアリング技術と卓越したプロジェクトマネージメント能力が世界最高水準と評価される会社が計画から完成まで全ての業務を請け負われたプロジェクトでした。

建設地はインドネシアのジャカルタから約３０００㎞も離れた西パプアで、４００ヘクタールに及ぶジャングルを切り開いて、全ての装置を備えたＬＮＧ生産基地を建設する大プロジェクトでした。

筆者のこのプロジェクトへの参画は、直接でなく別のルートからのものでした。筆者が以前から一緒に仕事をしてきた冷凍タンクメーカーの依頼で、事業主やエンジニアリング会社に対して、ＬＮＧのタンク基礎の考え方について、過去の経験なども交え説明することとなりました。これが、事業主の地盤部門の責任者に認められて、基礎の検討チームに加わることができました。

さらに幸運なことに、エンジニアリング会社のプロジェクト責任者より、指導者として世界的に有名な方を探すように指示され、迷うことなくDuncan先生を推薦し、依頼することになりました。

筆者は許可を得て、アメリカのヴァージニア工科大学に赴き、種々打ち合わせをした結果、Duncan先生がこのプロジェクトの地盤問題検討チームに参画されることになりました。

現地の地盤の事前調査結果から、いろいろな問題を検討する必要があると考えられ、事業者とエンジニアリング会社の専門家が集まって、議論することになりました。この方式をサポートするため、Geotechnical Review Team（ＧＲＴ）」という名称のもとに、先生を中心に、事業者側よりオーストラリア在住のオーナーズコンサルタントとして地盤工学と地質工学の専門家が二名、エンジニアリング会社よりこのチームのまとめ役として実務責任者と筆者が参加したチームが形成され、事業者がここで決定したことは全て決定事項とする、と宣言されました。やりがいのある決定でした。

このようなサポート体制のもとで、業務内容は、敷地全体の地盤の状況の把握、広大な敷地の造成・排水計画、ＬＮＧタンク基礎や種々の基礎の設計、安全な斜面の設計などの業務でした。世界的な指導者Duncan先生に直接お教えいただきながら大プロジェクトに参画できたことは、筆者にとって非常に良い経験になるプロジェクトでありました。

この業務の中で、Duncan先生と共同で17編、筆者単独で16編、合計33編におよぶ英文の技術レポートを作成しました。これらは全て技術記録と認められました。

筆者は、このプロジェクトに参画させていただいた直後に、地盤問題を扱う技術者として、是非現地を見ておきたいと考え、エンジニアリング会社にお願いをし、認めていただいて、プロジェクトの非常に初期の段階で現地を訪れる機会を得ました。

ジャカルタから定期便とチャーター機を乗り継ぎ、さらに飛行機を降りてからもボートで2時間近くかかって現地にたどりつきました。まだ桟橋なども完成しておらず、最後は水の中を約20ｍ歩いての上陸でした。このような大変なところでも、エンジニアリング会社の先遣隊は事務所、食堂、宿泊施設を兼ね備えた立派な現地事務所を建設されていました。基地建設の最盛期には数千人の労務者が働かれ、これらの人々のための宿舎や娯楽施設なども建設されるとのことでした。

また、付近の町村も調査され、現地住民と労務者間でトラブルが起こらないよう、細心の注意を払って準備をされておられる様子を拝見し、大変勉強になりました。同時に、このような未開の土地で、数千人の人々が移住してくる施設を新設していくプロジェクトに対し、対処するノウハウをもっておられるエンジニアリング会社に対して改めて尊敬の念をもちました。

以上、構造地盤研究所を設立した後の活動について述べました。定年退職後の活動としましては、意義ある楽しいことができたことに感謝しています。

海外旅行記

海外旅行の内容

筆者は海外のプロジェクトに参画する機会に恵まれたので、アフリカ大陸以外、アジア、北アメリカ、南アメリカ、ヨーロッパ、オーストラリア大陸等、数多くの国々に行きましたが、自分のポリシーとして、観光のために何処かに立ち寄る、ということはできるだけしませんでした。出張の目的地に直行し、仕事が終われば直ちに帰国することにしていました。

しかし、仕事以外で時間を見つけた場合には、山岳部の盟友、笹谷哲也さんご夫妻のおかげで、数多くの海外観光旅行を楽しむことができました。また、これらの旅行は全て手作りで、彼が立案して、必要な旅行エージェント（海外のエージェントの場合も多かった）を決め、飛行機からホテル、種々の催しもののチケットの手配まで、全てやってくれました。待ち合わせ場所も、香港だとかミラノということもありました。さらに、ありがたく思っているのは、これらの旅行は一般のグループ旅行では、ほとんど取り扱われない、特に中国の旅は、今となってはなかなかむずかしいと思えるものでした。

中華人民共和国では、新疆ウイグル自治区や内モンゴル自治区への旅、古都大理への旅、現在の首都の北京や古代の都の西安への旅、台湾一周の旅など。

また、アフリカ大陸南部への旅では、ボツナワナのオカバンゴデルタやチョベ国立公園でサファリを経験し、ジンバブエとザンビアの国境に位置するヴィクトリアフォールズへ。南アフリカでは、ケープタウンからアフリカ大陸最南端のケープアラガスへと旅しました。

そして、イタリアはヴェローナのアリーナで開かれたオペラ音楽祭でオペラ観劇の旅。

これらの外国の旅について、少しまとめて書いておきたいと思います。

アフリカ大陸南部への旅

一九九四年四月に、南アフリカで初めて全人種が参加した普通選挙が実施され、Nelson Mandela氏が圧倒的多数で黒人初の大統領に就任されることになりました。就任される前に南アフリカを見に行こうということになりました。日本から遠く離れ、なかなか行けない所ですので、隣国ボツワナのオカバンゴとチョベで、歩きサファリやボートサファリも楽しもうということになり、五月の連休を使って行くことにしました。

同行者は、笹谷さんご夫妻と私たち夫婦の他に、山岳部の先輩竹内通夫さんご夫妻の六人です。

旅程は、日本→香港→ヨハネスブルグ→オカバンゴ→チョベ→ヴィクトリアフォールズ→ケープタウン→ヨハネスブルグ→香港→日本でした。

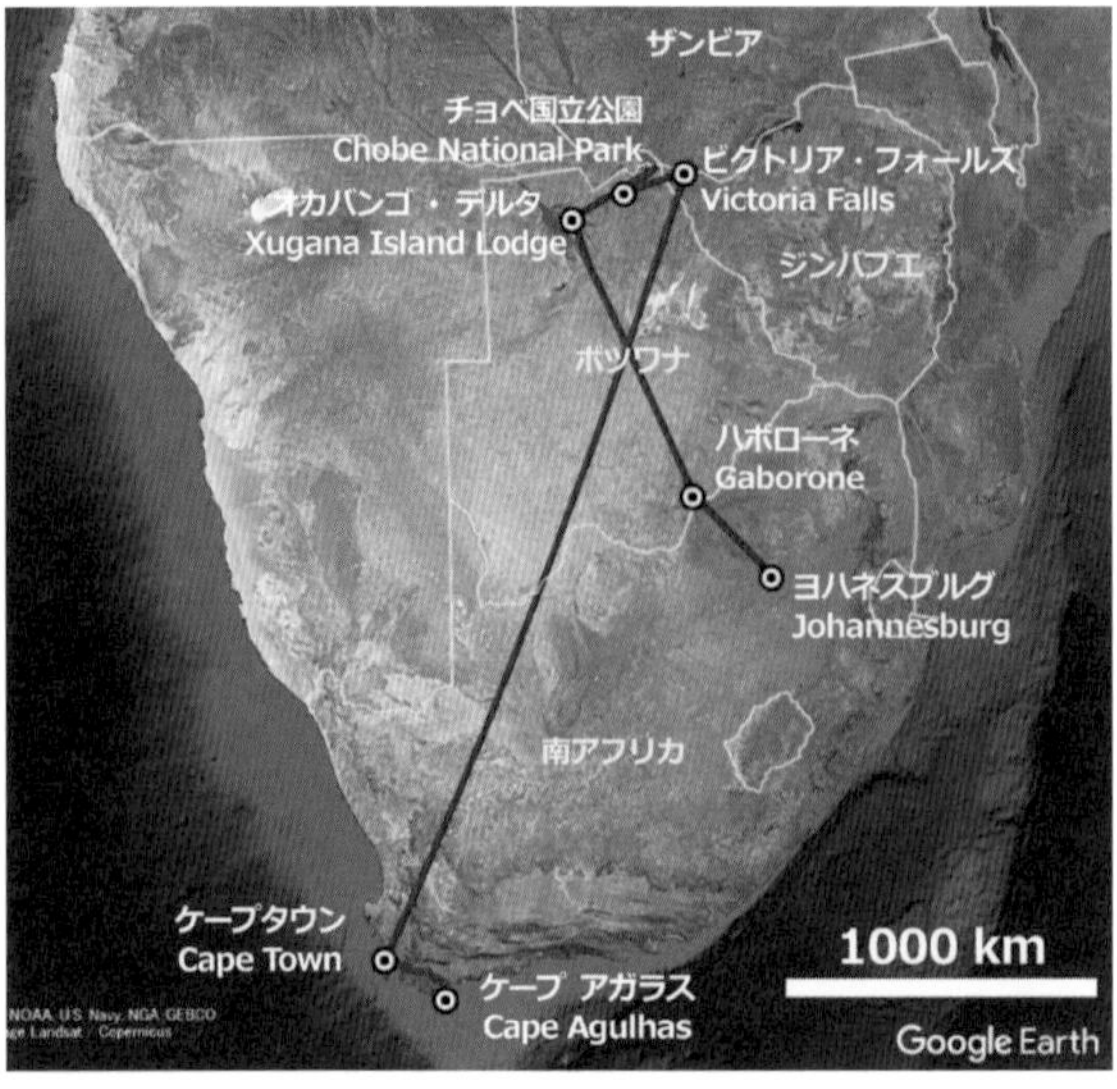

© Google

アフリカ大陸南部への旅のルート

香港で飛行機に乗るとき、大統領選挙の影響か、ヨハネスブルグ空港が昨夜爆破されたが、今夜の飛行便は出発するということだったので、なんとか入国できるだろう、と出発しました。このため、座席はガラガラで、ほぼ貸し切り状態でした。

南アフリカでは、大統領が交代するということで、少々騒がしい時でしたので、直接ケープタウンに入るのを避け、ヨハネスブルグ空港で入国した後、ボツワナ航空でハボローネを経由してマウン空港へ、さらに乗り継いで、チャーターしたセスナ機でオカバンゴデルタにあるXUGANA CAMPに到着しました。

香港から長旅、ボツワナ、マウン空港に到着

5人乗りセスナ機

オカバンゴデルタ、XUGANA CAMP に到着

オカバンゴデルタで夕食

オカバンゴデルタやチョベ国立公園では、英国皇室の方も泊まられたというロッジに滞在し、カヌーサファリや歩きサファリを楽しみました。

私たちがこの地を訪れたのは、乾燥したカラハリ砂漠の中でオカバンゴデルタが広大なオアシスとなっている時期でした。８００㎞離れたオカバンゴ川の源流で雨期に降った大量の雨がゆっくりとデルタにたどり着いた時期です。ここでは、様々な野生生物が生息していて、アフリカゾウ、シロサイ、クロサイ、ライオン、シマウマ、キリン、カバ、ワニといった大型の動物もこの地区にはまだ多数生き残っているそうです。また、鳥類もハゲタカなど、五百種を超え、水生植物も繁茂して多彩な生態系を形成しているそうです。

XUGANA CAMP の宿泊家屋

寝室

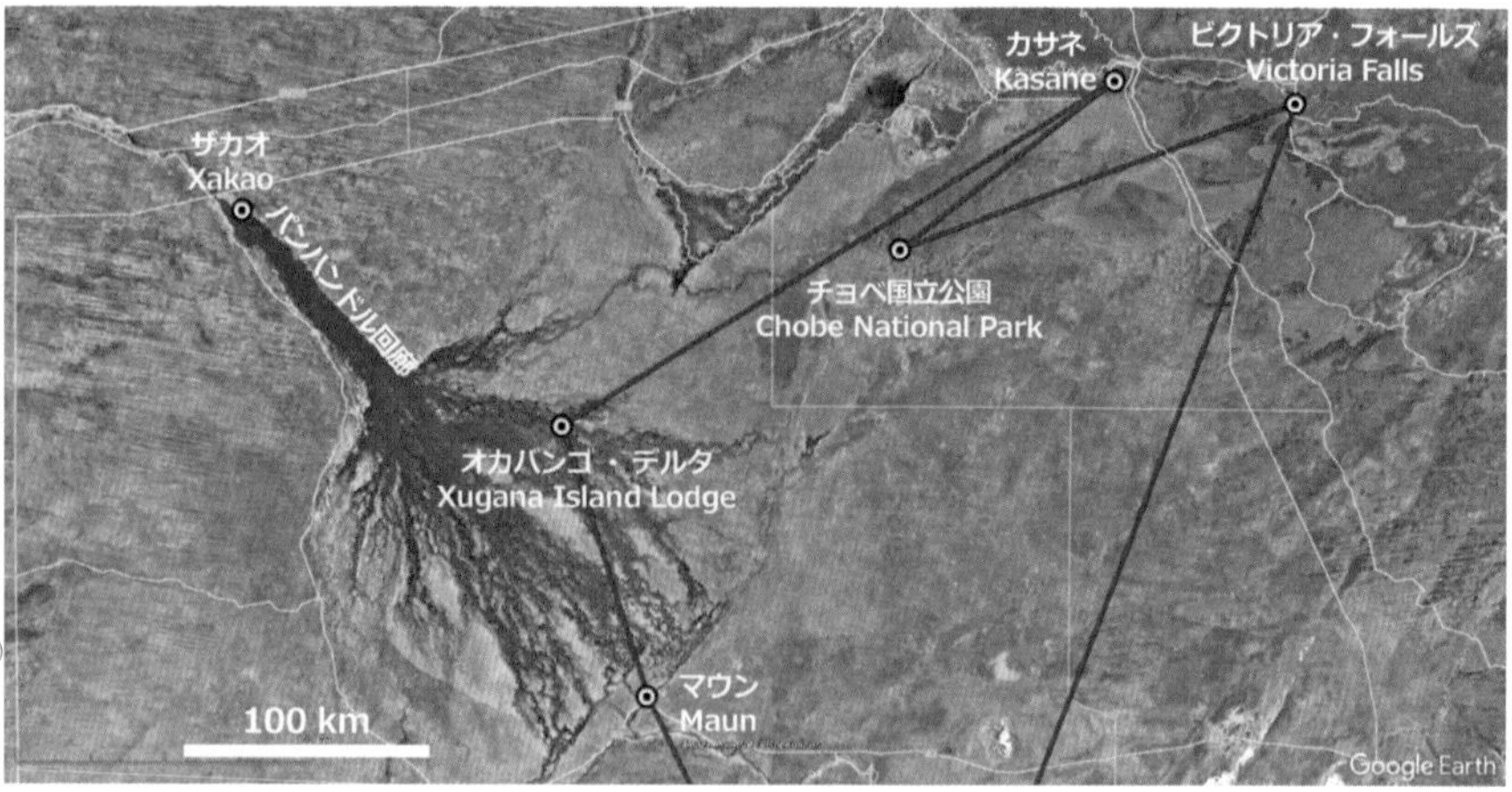

オカバンゴデルタ、チョベ国立公園など

私たちは木をくりぬいた手こぎのボートに分乗し、野生のパピルスが生い茂る中、いくつも交わる複雑な水路を進み、遠くにあるいは間近に、ワニやカバなどいろいろな動物や鳥類を見ることができました。ボートを漕ぐガイドさんは野鳥のことにも詳しく、Kenneth Newman 著『Birds of Botswana』という本を紹介してくれました。どのあたりで見ることができるか、も説明している詳しい本でした。

カヌーサファリ

カバのお出迎え

珍しい鳥らしい

ワニ

珍しい鳥らしい

歩きサファリでは、ゾウやライオンなど大型の野生動物を怖くなるほど近くから見ることができました。

歩きサファリ

歩きサファリ

至近距離に象

砂ぼこりをたてて、ヌーの大群

XUGANA CAMPに三泊した後、チャーター機でカサネへ、そこからチョベ国立公園内の宿泊施設、クレスタモアナサファリロッジへ。ここでも、カヌーや歩きサファリのほか、サファリカーでの周遊も楽しみました。

チョベの建物

チョベ国立公園の案内図

車サファリ

キリン

バオバブの木

象の大群

Victoria Falls をヘリコプターから

チョベに三泊した後、世界三大瀑布の一つである、ヴィクトリアフォールズへ移動。ビクトリアフォールズは、アフリカ南部を流れインド洋に注ぐザンベジ川の中流部にあり、地上からだけでなく、ヘリコプターに乗って上空からも見ました。滝の落差、水量、音、水、風、その雄大さに、圧倒されました。

この滝を観光した後は、ザンベジ川でサンセットクルーズ。そのあと、アフリカの民族舞踊、バーベキューディナーを楽しみました。

Victoria Falls Hotel

ザンベジ川のサンセットクルーズ船上

翌朝、ヴィクトリアフォールズを発って、南アフリカのヨハネスブルグへ。一泊した後、いよいよ目的地の一つ、ケープタウンへ向かいました。

ケープタウンでは、南部に位置するテーブルマウンテンへ。標高1086m、頂上部分は約3㎞にわたりほぼ平坦な雄大な山で、国立公園として自然保護もしっかりなされているそうです。ケープハイラックスというかわいい小動物もたくさん見ることができました。

ケープハイラックス

テーブルマウンテンを望む

テーブルマウンテン頂上からの眺望

日本では、アフリカ大陸の最南端は喜望峰と理解されていますが、実際はケープタウンの南東約２５０㎞にあるケープアガラスであることを知りました。早速、予定を変更し、車をチャーターして、ケープアガラスへ出向きました。

植民地時代に建設された道路網が整備されており、片道約４時間の快適な旅でしたが、途中に、長年の人種差別政策で生まれた、最貧層の人々が住むソウェトが見受けられました。

アフリカ大陸最南端の地点

海神ネプチューンの彫像の前で

© Google

ケープタウンからケープアガラス

ケープタウン最後の夜、ホテルの警備が急に厳しくなりました。これはMandela氏が翌日就任演説を行うため同じホテルに滞在されていたためでした。その時には、新大統領のもと、全ての国民が平等に扱われ、国家として益々発展していこうという熱気が感じ取れました。

このアフリカ大陸南部への旅は、笹谷さんが、マラリアの予防接種から始まり、国立公園へのチャーター便やロッジとホテルの予約、車やガイドの手配、旅行への注意事項等を完璧に調べてくれて、万全の態勢で、素晴らしい旅を楽しむことができました。

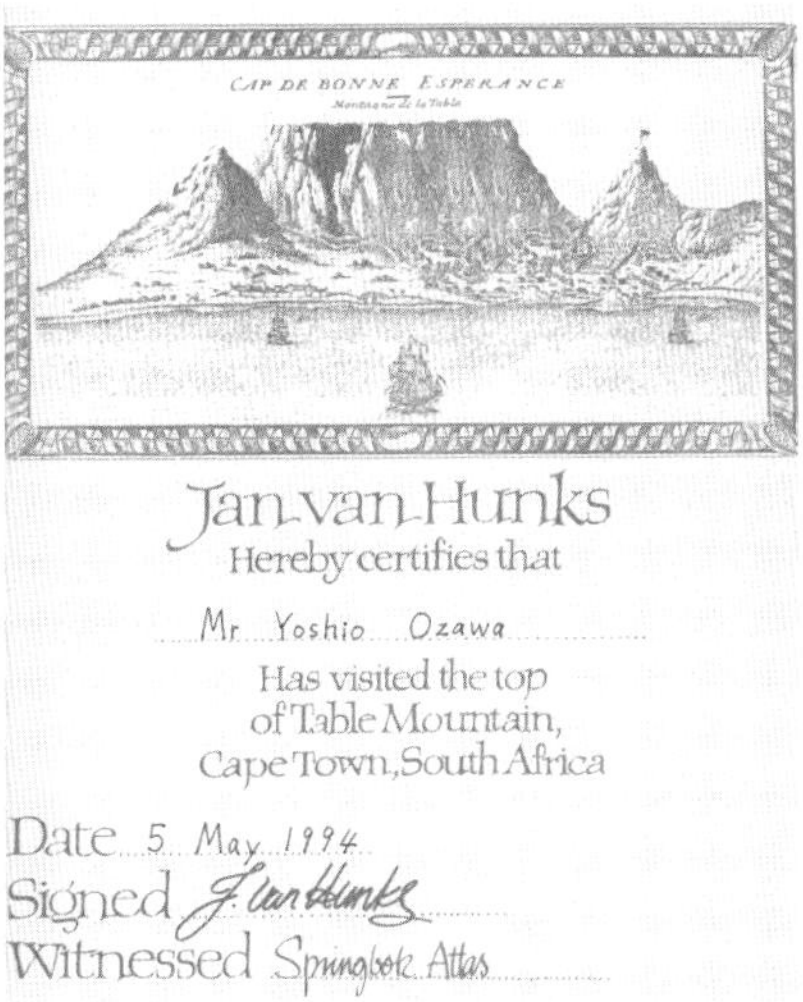

テーブルマウンテン登頂証

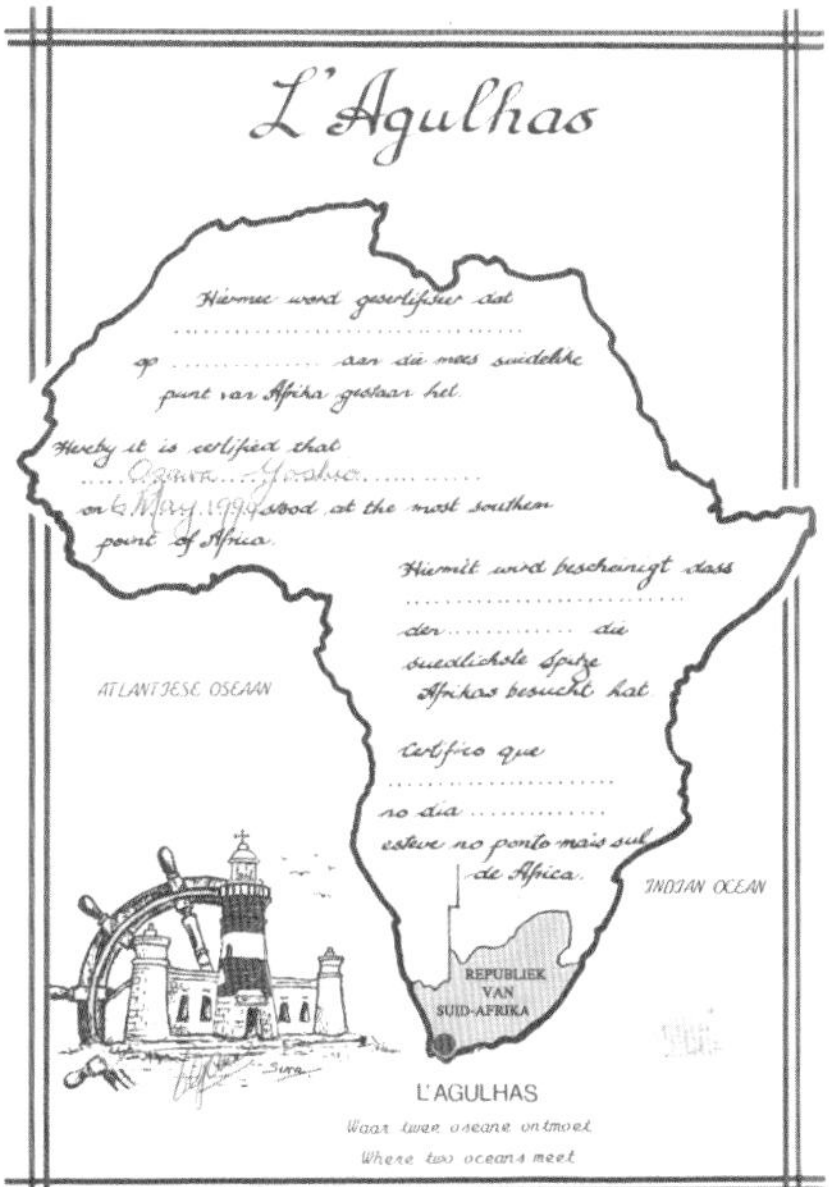

アフリカ大陸最南端訪問証

イタリア　ヴェローナ音楽祭

笹谷さんからお誘いを受けて、アレーナ・ディ・ヴェローナ音楽祭（Arena di Verona Festival）に行くことになりました。

この音楽祭はイタリアのヴェローナで毎年夏に開催されるオペラ音楽祭で、会場はアレーナ・ディ・ヴェローナ（Arena di Verona）で、これは古代ローマの円形闘技場の遺跡です。公演は夕暮れから始まり、屋外オペラ公演として有名です。

長径１３９ｍ、短径１１０ｍの楕円形の闘技場はローマ帝国初代皇帝アウグストゥスの時代に完成し、観客席は44段の大理石製で、収容人数は約二万五千人であったとされています。

この音楽祭ではアレーナの周辺席のほかに、中央部に座席が並べられて、特等席が設けられています。私たちの席は、この中でも前から五列目の中央部で、主催者の招待席のすぐ後方という特別な席でした。

アレーナ・ディ・ヴェローナ
（古代ローマ時代の闘技場）

二〇一〇年、旅行はミラノのホテルで待ち合わせることになりました。当初は四人の旅で、音楽祭の前日、車でミラノからヴェローナに行き、音楽祭の三日間、会場へ徒歩で通えるごく近いホテルに滞在しました。ヴェローナでは、知り合いの日本の交響楽団のヴァイオリニストG氏ご夫妻や山岳部の友人の奥様で、音楽のプロデュースなどをされているH夫人とも合流し、後半は少し賑やかな旅となりました。

筆者らが楽しんだオペラは、「アイーダ」、「トゥーランドット」と「蝶々夫人」で、三夜連続で楽しみました。ちなみに、アイーダはこの音楽祭では最も多く公演されているそうです。

各オペラの有名な曲、「凱旋行進曲」、「誰も寝てはならぬ」、「ある晴れた日に」など、特に、「誰も寝てはならぬ」では、まだオペラの進行中に、盛大な拍手がわき起こり中断、再び、初めから歌い直されるというハプニングもありました。また「蝶々夫人」では、衣装を担当されたのが、世界的に有名な衣装デザイナーのワダ・エミさんでした。すばらしい舞台を堪能したオペラ三昧の旅でした。

音楽祭の後は、ヴェニス、パルマ、ミラノなどで、観光、食事や買い物を楽しみ、帰国しました。

ヴェローナ音楽祭案内板

開演前の外の様子

開演前の会場

中華人民共和国への旅

中華人民共和国へは、台湾も含め、六回行っていますが、この内なかなか行きにくい旅行としては、内モンゴル自治区と新疆ウイグル自治区の旅、古都、大理の旅などで、少し詳しく書いておきたいと思います。また、これらの旅行に関連して、西安、北京、台湾一周の旅などにも行っていますが、これらについては別の機会に触れたいと思います。

中国のシルクロードに関しては、四つの大きな街道があります。

・河西回廊（西安から蘭州、武威、嘉峪関を通り敦煌まで）
・天山北路（敦煌から、トルファン、ウルムチ、賽里木湖、伊寧まで）
・天山南路（敦煌から哈密、トルファン、クチャ、カシュガルまで）
・西域南道（敦煌からチャクリク、ホータン、カシュガルまで）※

※この街道は今回の旅では通っていません。

中華人民共和国の旅　全体図

内モンゴルや新疆ウイグル自治区への旅では、これらの街道を通って、砂漠を横断したり、天山山脈を越えました。

内モンゴル自治区への旅

この旅行の同行者は、笹谷さんご夫妻、山岳部で同期の原田道雄さん、笹谷さんの友人、山岳部関係の方々、京都大学山岳部の笹ヶ峰ヒュッテの設計者中津敏明さんと私たち夫婦、そしてガイドの蘇さんの十一名。なお、中津さんはスケッチ画の名手で、多くのスケッチ画を作成されました。承認を得ましたので、その一部を写真と共に掲載させていただきます。蘇さんは阿拉善左旗在住のモンゴル人で、非常に日本語が上手でした。まだ一度も日本には来られていないそうですが、モンゴルの長い冬に独学で日本語を学んだそうです。

今回の内モンゴルの旅は、大阪から北京を経由して、河西回廊上の蘭州の北方約250㎞に位置する銀川に北京から飛行機で入り、ここからゴビ砂漠内のゲルで一泊し、額済納（エジナ）まで約800㎞走行、さらに、嘉峪関まで420㎞、ここで河西回廊に戻って、この回廊を敦煌まで約460㎞、総計約1700㎞を走行するハードなスケジュールでした。

二〇〇〇年八月六日、結団式をということで昼食会、その後関西空港から北京に出発。北京内蒙古賓館泊。

八月七日、北京より銀川に午前中に入り、午後、西夏王墓群を見学。阿拉善（アラシャン）賓館泊。

西夏王国（1032～1227）は、チベット系のタングート（党項）族が建てた王国で、仏教を国教として繁栄した王国でしたが、チンギス・ハーン率いる蒙古軍により滅ぼされてしまいました。漢字をもとにこの国王が考案した独自の西夏文字をもっていましたが、専史は編まれることがなく、百年もすると、いつしか西夏文字は誰も読めない文字となってしまいました。その後解

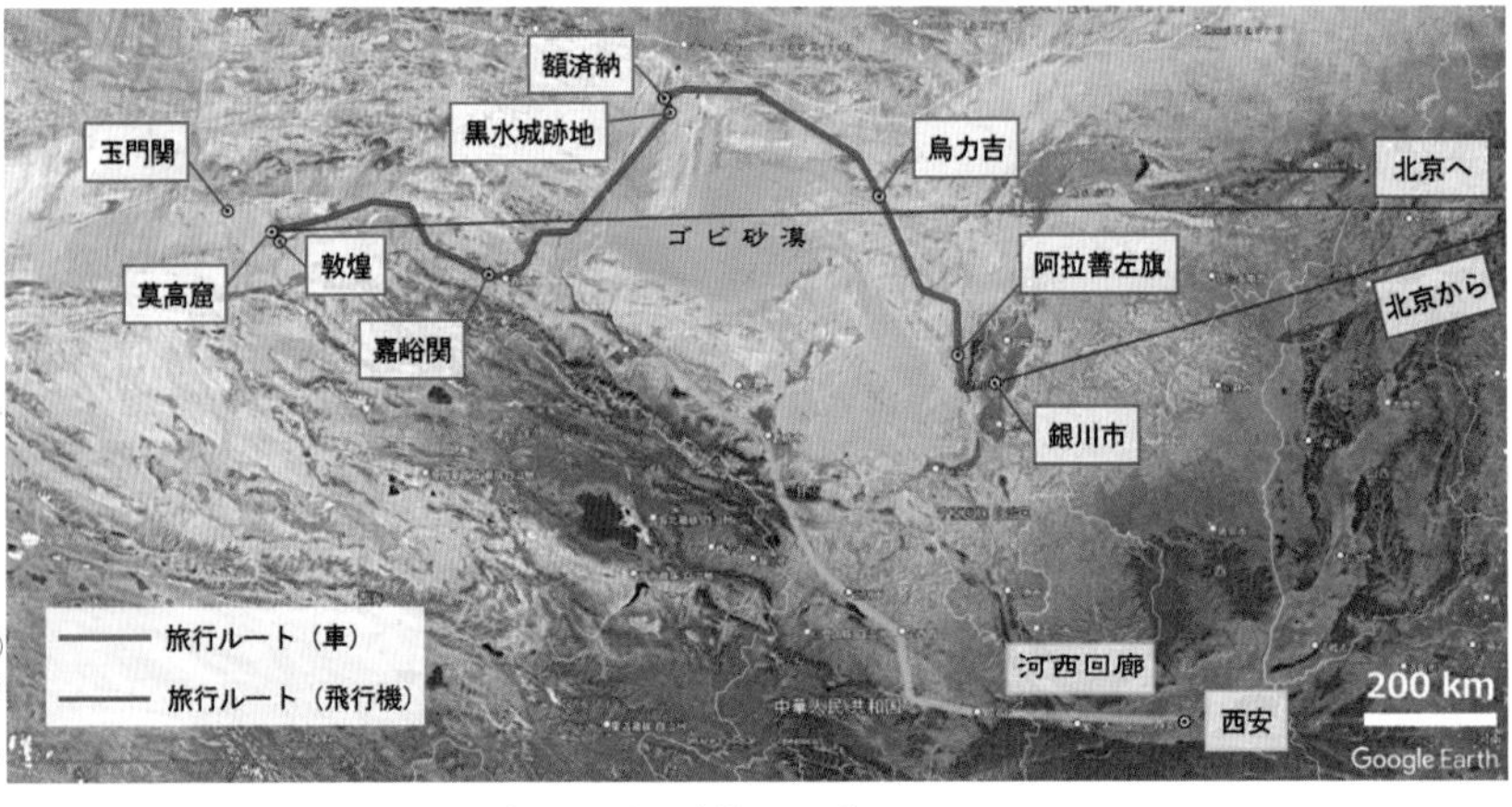

内モンゴル自治区の旅のルート

読され、遺跡が銀川市郊外にあります。
地上から突き出ている盛り土のようなものが西夏王陵で、独特の形をしています。東西が４㎞、南北10㎞のエリアで、数個の皇帝陵と多くの陪葬墓が残っています。建国王の李元昊の墓である泰陵はひときわ大きく、もとの形は八角形の塔が風化で現在のような円錐形になったそうです。

夕食に羊の丸焼きが出され、みなびっくり。馬頭琴の演奏や歌を聴き、白酒（パイチュウ）でカンパイ、歌をうたってまたカンパイ。中国の旅では、どこへ行ってもパイチュウ（アルコール度数40％以上）でカンパイが盛んで、お酒に弱い人には少々気の毒な旅となるようです。

西夏王陵

西夏王陵入り口（中津氏スケッチ画）

円形になった西夏王陵

西夏博物館

八月八日、ここから四輪駆動車（パジェロ）に分乗して、いよいよゴビ砂漠横断の旅の出発です。ちなみに、パジェロ４台は１台が故障しても他の車に分乗して脱出する配慮からだそうです。

出発して、まず阿拉善左旗にあるチベット仏教の寺院延福寺に立ち寄った後、宿泊地の烏力吉へ約４００㎞、近くのキャンプ地徳日森呼都格（デリスンフドク）に宿泊。当初はゲルとテントの予定でしたが、風が強いのでゲルで雑魚寝。時々トイレの人が足や手を踏んで行く状況。

パジェロ４台でゴビ砂漠横断に出発

延福寺、チベット教の寺院

宿泊したゲル

宿泊したゲルの内部と支える構造

前進あるのみ（中津氏スケッチ画）

八月九日、キャンプ地を発って額済納（エジナ）へ、約３７０㎞の旅。途中ラクダの一群と遭遇しました。甲渠候官遺跡、紅城遺跡や狼煙台などを見学しながらエジナへ、額済納賓館に二泊しました。夕食後、ホテルの前庭の旗台の下で二次会。輝く星空のもと、通訳の蘇さんが、大好きな谷村新司さんの「昴」を熱唱されると、私たちも山の歌を合唱し、大盛り上がりの夜となりました。

甲渠候官遺跡案内板

甲渠候官遺跡

紅城遺跡

紅城遺跡案内板

ラクダの行進
（中津氏スケッチ画）

八月十日、終日カラホト（黒水城）を見学。カラホトは西夏王国の幻の遺跡で、西夏王国消滅後、ロシア人研究者によって発見されました。モンゴル語で、黒く恐ろしい城という意味だそうです。カラホトは、東西に約４４０ｍ、南北に約３７０ｍの不規則な四角形をしていて、東西にそれぞれ門があり、城壁内部はひとつの町を構成しています。、一棟寺、二棟寺、五棟寺と、当時は城内を自由に歩けて、昔は陶磁器の破片や小銭も発見されたそうなので、お宝発見！　とばかり全員であちこち歩きまわりました。今はどのようになっているか、制限されているかも知れません。

カラホト（黒水城）案内表示板

カラホト　一棟寺

カラホト　二棟寺

カラホト　五棟寺
（中津氏スケッチ画）

八月十一日、額納済から嘉峪関へ約４２０㎞の旅。途中休憩で食べたスイカは甘みも水分もたっぷりで、元気回復。嘉峪関長城賓館泊。八月十二日、嘉峪関見学。嘉峪関は高さ11ｍの城壁に囲まれ、万里の長城の西の起点であり、東西「シルクロード」の交通の要所でした。西門には「嘉峪関」の扁額がかかっています。城壁からは、雪をかぶった祁連山《キレンザン》（標高５５４７ｍ）が遥か遠くに見え、時間が許す限り、万里の長城を散策しました。

西瓜休憩（中津氏スケッチ画）

嘉峪関（中津氏スケッチ画）

長城賓館屋上より祁連山脈（中津氏スケッチ画）

嘉峪関見学後、旅の終点、敦煌へ４６０km。敦煌大阻酒店に二泊。

八月十三日、敦煌、莫高窟見学。甘粛省北西部の都市。かつてシルクロードの分岐点として栄えたオアシス都市であり、近隣にある莫高窟とそこから出た敦煌文書で有名であり、昔の関所として、西北約80kmの所にあるのが「玉門関」、南西約70kmの所にあるのが「陽関」。ラクダのキャラバンで砂丘見学。夕食後、夜市で敦煌の夜を満喫。

莫高窟入口

莫高窟

ラクダで行進（中津氏スケッチ画）

八月十四日、朝市を見学し、干しぶどうなどを買う。昼食後、空港へ。蘇さん、ドライバーさんたちと涙の別れ。敦煌を発ち、北京へ。北京内蒙古賓館泊。

八月十五日、北京から関空へ。内モンゴルーシルクロードの旅を無事に終えることができました。

長城の上で

漢代長城遺跡表示板

玉門関表示板

莫高窟　狼煙台

玉門関西側

新疆ウイグル自治区への旅

同行者は、笹谷さんご夫妻、山岳部の関係者、私たち夫婦とガイドの巴図さんの十一名。

今回の旅は北京から新疆ウイグル自治区の烏魯木斉（ウルムチ）を経由して、ウイグル族の住む喀什（カシュガル）に飛行機で次の天山南路の庫車（クチャ）まで汽車で移動し、そこからは4輪駆動車（パジェロ）で天山山脈を越え、中国で最も美しいと言われる巴音布魯克（バインブルグ）大草原を走り、天山北路の起点、伊寧（イーニン）に行き、そこから天山北路を忠実にウルムチに帰るという、車の走行距離約１５００kmにも及ぶ大旅行です。

二〇〇一年七月十九日、大阪関空→北京。北京、国都大飯店に宿泊。

七月二十日、北京→ウイグル自治区ウルムチまで約3時間の飛行。ウルムチに到着後、新疆博物館、紅山公園（標高９３４ｍ）

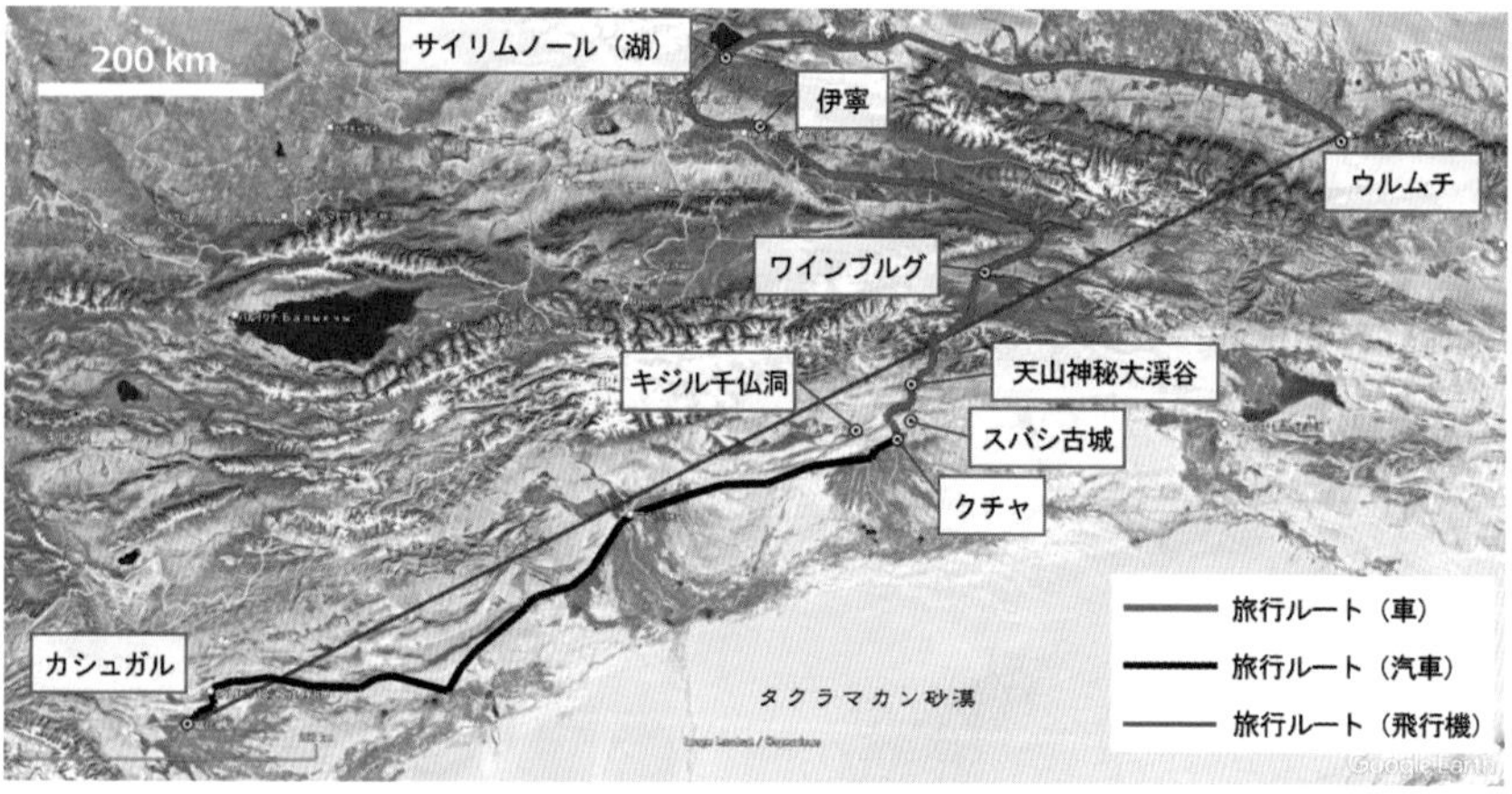

新疆ウイグル自治区の旅のルート

ウルムチの博物館（館内撮影禁止）

紅山公園　鎮龍塔（937m）

山頂の鎮龍塔（度々氾濫したウルムチ河の龍を鎮めるため建立）などを見学。新疆博物館の目玉は何といってもミイラ群。特に有名な「楼蘭の美女」の他にも老人や子供のミイラもあり、その他の出土品なども展示されていました。夕食後、夜行便で約1時間半かけて、夜遅くカシュガル（喀什）に23時に到着。カシュガルの喀什其尼瓦克賓館に二泊、宿泊。

七月二十一日に、カシュガル観光。清真寺（イスラム教寺院）、エイティガール墓と香妃墓（アパク・ホージャ墓）などを見学。

エイティガール寺（イスラム教寺院）

イスラム教のお話を聞く

寺院の廊下

香妃墓（アパク・ホージャ墓）

カシュガルで有名な、バザールに行きました。民族楽器の店、ナンを売る店、たまご屋、スイカやミルク売り、とうがらしなどが並ぶ。イチジクを買って食べてみると、しっとりと甘く、美味しい。その後、一般家庭訪問、古い街の散歩、そして夜は夜店に繰り出し、羊の丸焼などの晩餐の後歌舞を観劇しました。

東アジアと中央アジアが交わる自治区なので、使われている言語もさまざま。私たちの旅にここではガイドさんがもう一人加わりました。

金物屋

機械類

楽器

スイカ

街の様子

玉子

ミルク

唐辛子など

繭から生糸へ

七月二十二日、日曜日は大バザールが開催され、街中全員が来ているようなにぎわい。動物バザールでは、馬、ヤギ、羊などが売買されています。この動物バザールは、近年閉鎖されたと聞きます。

馬のバザール

羊のバザール

ヤギのバザール

肉の販売

カシュガルで昼食の後、天山南路の中心で天山越えの起点となる庫車（クチャ）への列車に乗り、カシュガルから10時間、真夜中の12時頃に庫車に到着。夕食は食堂車で。全員パイチュウ（白酒）を飲んでいい気分。亀茲賓館に二泊。

特急列車

カシュガル駅で一行と

亀茲賓館

カシュガル駅

庫車は古代オアシス都市国家亀茲国の栄えた地であり、歌舞の郷と称されます。

七月二十三日、庫車滞在一日目、キジル千仏洞へ行く途中、ヨルダン地形（侵食地形）など見学。キジル千仏洞は２３７窟に及ぶが、保存の良いのは70窟程度だそうです。入口で、カメラやバッグなどの全ての持ち物を預けなければなりません。クチャ大寺はイスラム教を信奉する人民大衆が礼拝する宗教的な場所です。

ヨルダン地形（侵食地形）

キジル千仏洞

クチャ大寺
イスラム教の宗教的な場所

クチャは歌舞の都

次に、スバシ故城は、唐代、亀茲国最大の寺院で、クチャ河を挟み、東と西地区にあります。

スバシ故城表示板

スバシ故城の説明を受ける

スバシ故城の全容を見学

スバシ故城遺跡

七月二十四日、クチャから、いよいよ天山横断の途へ。途中、スイカ、マクワウリ、キュウリ、トマトなど、大量に購入して出発。２９０㎞のドライブで、巴音布魯克（バインブルグ）に到着しました。

天山越えのため、食料品の購入

最も深い亀裂

天山神秘大渓谷の表示版

天山神秘大渓谷を車で

バインブルグに到着

バインブルグ草原は、中国で最も美しい草原の一つで、人の手が全く入っていない草原です。また、バインブルクはモンゴル語で「豊かな泉」という意味で、毎年夏になると、草原の上にさまざまな花が満開になるそうです。

天山山脈の南麓に広がる大草原（湿原）は、右に左に大きく湾曲しながら大草原を下っていく河川（開都河）が草原を潤し、そのスケールの大きさは圧巻でした。巴音布魯克大草原に源流をもつ開都河は有名な内陸河川で、古くは通天河と呼ばれた全長約610㎞。新疆の巴州和静や和碩、焉耆、博湖などの県を流れ、流域面積は22，000㎢に達します。上流は中国唯一の白鳥の自然保護区である巴音布魯克天鵞（白鳥）湖とつながり、最終的には中国最大の内陸淡水湖である博斯騰湖へと注ぐものです。

バインブルグの開都河

宿泊した
パオの周辺

七月二十五日、夜はパオに宿泊し、翌朝天鵝湖を見学。途中パオの家族を訪問。幸いなことに、年に一度開催される伝統的な祭典ナーダムが行われており、車と馬に乗って会場へ。近くの遊牧民がほとんど参加しているのでは、と思えるほどのにぎわいでした。

パオに住む現地の家族を訪問

パオに使う
丈夫な紐を制作中

バインブルグを馬に乗ってナーダムへ

ナーダム祭本部席

各部落の旗を立てて行進

ナーダム祭に集まった観衆

民族衣装で着飾った女性たち

部落の男女の踊り

私たちが観たナーダムでは、若者たちが民族衣装を身にまとい、各部落の旗を立てて行進したり、女性は舞踊や馬頭琴の演奏を披露し、男性は馬に乗って競争したりしていました。ここは優良な天然草原で、彼らは世代にわたって水と草を追う遊牧生活を送ってきました。ナーダムは、草原の人々にとって最も盛大な祭であるようです。競馬祭で多くの馬が一斉に駆けて、羊の奪い合いや、「姑娘追」（娘が若い男を追う馬上のゲーム）が出てくるようで、国内外から観光客も聞きつけてやってくるとのことです。

その後、１８０km離れたナラチ（那拉提）に移動、ナラチ草原を見学。ナラチに宿泊。宿泊場所は昔軍隊の宿泊所でした。

七月二十六日、ナラチを出発、２６０km離れた、イーニン（伊寧）に移動しました。途中観光しながら、イリ川やイリ川大橋を見た後、宿泊する大花苑酒店に。

イーニン（伊寧）に到着、イリ川大橋で

イリ川大橋を渡るロバ車

イリ川、中に釣り人

七月二十七日、大花苑酒店を出発。一九八四年に首府をウルムチに移すまで首府として栄えた恵遠城（鏡鼓櫓）や、新疆ウイグル自治区で一番高いところにある湖で、面積も一番広いサイリムノール（サイラム湖、標高２０７４ｍ）などを観光。湖畔のパオの主人はガイドの巴図さんの親戚で、大変な歓迎を受けました。

サイリムノールを後にしてウルムチまで長いドライブ。新しく建った４つ星ホテル、暇日飯店（トーチホテル）泊。

ガイドさんと親戚の人たち

集まってきた子供たち

いつも馬と共に

サイラム湖
（標高 2074 m）

七月二十八日、午前中ウルムチ市内観光。各自、バザールで買い物。午後に、ウルムチから北京へ。北京で盛大に晩餐会。

七月二十九日、北京より帰国。ウイグルの旅も無事終了しました。

恵遠城（鏡鼓櫓）

イーニンから、車で遠くウルムチまで

北京の商店街

中国西南部の古都大理への旅

一九九六年の正月休みを利用して中国の古都大理に旅行しました。参加者は、笹谷さんご夫妻、某美術館館長ご夫妻と私たち夫婦を含む八名で、香港に集合、ここから雲南省の首府、昆明に飛び、あとはバスで大理に行きました。このルート上には、多くの少数民族の人々が暮らしていて、話す言葉がそれぞれ違うそうです。そのため私たちのグループに対し、八人も通訳の方が乗り込んできました。香港からのこの旅を通してのスルーガイドが全体をコントロールし、私たちに伝えてくれました。

大理はベトナム、ミャンマーと続く古代の交易路である西南シルクロードの出発点の町で、かつて雲南の地を領土としてきた南の中心地でした。約一一〇〇年前に仏教王国として栄えた南詔国《なんしょうこく》を象徴する「大理三塔」は、高さ約69mあり、町のシンボルです。

大理三塔

笹谷さん夫妻と筆者
塔の前で

大理で古くから暮らしている人々が白族《パイぞく》で、伝統の暮らしを営んでいます。西南シルクロードで交易品として扱われた、白族の藍染めは素晴らしいものです。

南の城門には大理石に「大理」と刻まれた南城楼があります。

城内に入ると南北と東西に道があり、黒い石畳みで舗装されています。白族の伝統的な民家が道路の両側に立ち並んでいます。

南門から北門へとまっすぐ続く「復興路」は大理古城のメインストリートで、両側には大理石や絞り染め物など様々なお土産屋とレストランが立ち並んでいました。

南の城門

復興路の様子

城門からまっすぐ続く復興路

復興路の商店街

大理古城から17km北に行ったところに、洱《じ》海《かい》という大きな湖があります。洱海には、遊覧船もあり、これに乗り込んで、民族衣装を着た白族による歌や踊りを楽しみながら、食事をしました。旅の思い出にと求めた、藍絞り染めの布類、大理石の小さい鉢とすりこぎ、餃子麺棒2本は、今も我が家の愛用品となっています。

大きな湖、洱海と遊覧船

乗船歓迎

船内にて，民族衣装を着た白族の舞踊

歩き遍路

四国八十八箇所巡礼

もう二十年ぐらい前のことですが、早春の朝早く、突然電話が鳴り、生後七ヶ月の幼い孫の悲しい知らせを受けました。妻と二人、何とか供養がしたいとの強い思いから、四国のお遍路をまわることにしました。

お遍路と言いましても、最近はバスでまわる人が90％を超えているそうですが、私たちは、是非「歩き遍路」でまわりたいと願いました。このためには、１３００㎞とも言われる長距離を歩かねばなりません。普通のお遍路の方法では、できるだけ荷物をコンパクトにまとめ、要所要所に点在するお遍路宿に泊まって、洗濯もしながら旅を続けるようですが、私たちは思い切って別の方法を考えました。それは山登りのうちの一つの方法に近いものです。

私たちの「歩き遍路」の方法は、まず日程ですが、まだ仕事もしていましたので、一回五日程度とし、この期間中は同じ宿、いわばベースキャンプのような宿に宿泊します。この宿の選び方は、前回歩いた終点と今回予定している旅程の終点などを考えながら、今回の宿を定めます。一日目は、そこから前回に歩いた終点に戻り、お遍路を継続し、一日目を終えベースへ、二日目は前日の終点まで戻り、お遍路を続けていく方法です。このように、一回五日間で、１００㎞程度を目標にし「歩き遍路」

第十五番札所　薬王山 金色院 國分寺

を完遂しました。この方法で非常にお世話になったのはJR四国の「五日間乗り放題の普通乗車券」です。五日間JRで行ったり来たり、全てカバーされました。

この遍路で、その日の終点からベースに帰る時や翌日元の位置に戻るとき、必ず公共交通を使うことにしていましたので、特にバスの時間は事前によく調べました。少し山深くに入ります時でも、町営のバスなどは時間的に限定されていますが運行しています。この種のバスは、よく調べれば結構ありました。おかげで、全ての行程、その日の終点からベースの宿まで、また翌日の逆行程もバスやJRを乗り継いで続けることができました。この方法で、ひたすら最後まで歩き続けることを目標にしたお遍路でした。

歩き遍路をしておられる他の方々と、「遍路ころがし」と呼ばれる急峻な山道や、視界が開けた美しい景色など、いろいろな旅程は同じですが、お遍路宿での作業やちょっとした語らいは経験できませんでした。

お遍路では、ほとんど民家もない山中に入ることもありますので、ベースには小型炊飯器と米を持参し、夜にご飯を炊き、翌日のおにぎりを作りました。これがまたおいしいこと、大変助けとなりました。

このようにして、私たちのお遍路は他の方と少し違ったものになりましたが、各所でめずらしい新鮮なお魚や四国名物の讃岐うどんなどに大変慰められ、励まされながら、四国の発心の道場と言われる徳島県、修業の道場の高知県、菩提の道場の愛媛県と涅槃の道場と言われる香川県に点在する88の札所を二年かけて、約1300㎞の歩き遍路を結願することができました。

歩き遍路のこと、私の大学の同級生で、親しい友人である金盛弥《かなもりわたる》さんは一番から順にまわっていく順打ちのほか、最後の八十八番から逆にまわる逆打ちも含め、すでに六回もまわっておられます。金盛さんは版画の名手で、各札所のお寺、八十八箇所のほか、別格のお寺二十寺、番外のお寺二十六寺、高野山町石道十四箇所、小景（流水橋、道標、休憩所など）二十九箇所、般若心経や大師堂の掛軸を含めた素晴らしい、非常に格調高い版画集として、『四国歩き遍路の旅』を出版されて、各所で展覧会も開催されております。

筆者もこの画集をいただきましたが、各札所のお寺の外観からその歴史的な説明もあり、将来お遍路に出かけられ

第二十三番札所　医王山 無量寿院 薬王寺

る方には、これ以上のものはないと信じています。

このようなことで、ここでは札所のお寺のことは書きません。お遍路の中心のお寺のことを書かない、歩き遍路記となりますが、上述したような素晴らしい版画集を参考にしてください。

次に、歩き遍路をしていて気づきましたことは、四国の人たちは「遍路をしている人を温かく迎える」という優しい心をもっておられ、「お接待」といって、果物やお菓子をよくいただきました。御礼に「納め札を渡す」という返礼もあるようですが、筆者は丁重に御礼を申し上げることで、感謝のしるしとさせていただきました。この中で、大変うれしく助かったのは、ある夏の日の午後3時頃、疲れきって坂道を登っていましたとき、採りたての大きなイチジクをいただきました。本当においしく、疲れが吹っ飛んで元気になったこと、今も思い出しております。また、大きな夏みかんをいくつかいただいて、食べきれなくて、道すがらお地蔵さんにお供えにしたこともありました。

トンネルを通る時はかなり緊張したものです。特に歩道に段差がついていないトンネルでは、すぐ横を通る大きいトラックに恐怖を感じ、必死に懐中電灯で合図したものです。

また雨が急に強くなってきて、仁淀川にかかる橋の下で雨宿りをしたり、四万十川では、橋に欄干がない沈下橋を渡ったことなど、印象に残っています。沈下橋は大水の時に水面下に沈み、欄干がないので流木などが引っかからないという、誠に素朴なただずまいで、周りの風景に溶け込んでいました。

八十八箇所のお寺の本堂と太子堂に蠟燭とお線香を供え、「お札」を納め、ひたすら「般若心経」を唱え、祈り、歩きに歩いたお遍路でした。

最後に歩き遍路の日程を、書き残したメモを参考に表にまとめました。当時はまだ現役で、海外プロジェクトなどを担当していますと、半年近く行けないことや、台風の襲来で、日程を変更した時もありましたが、約二年かけて四国八十八箇所巡礼の旅を完遂することができました。

このうち、最初のお寺である一番の霊山寺《りょうぜんじ》と最後の八十八番の大窪寺《おおくぼじ》、また、室戸岬の二十四番の最御崎寺《ほつみさきじ》と足摺岬の三十八番の金剛福寺《こんごうふくじ》、この二つのお寺は手前のお寺との距離がいずれも80㎞を超え、三日から四日ひたすら歩く遍路でした。この四箇所は特に思い出の深いお寺でしたので、これらのお寺の納経帳の写しを掲載しておきます。

歩き遍路の日程

回数	日付	寺番号	寺名	寺間距離
1	2002年08月23日	1	霊山寺	
		2	極楽寺	1.5
		3	金泉寺	2.7
	2002年08月24日	4	大日寺	5.0
		5	地蔵寺	2.0
		6	安楽寺	5.3
		7	十楽寺	1.2
		8	熊谷寺	4.0
		9	法輪寺	2.5
		10	切幡寺	4.0
	2002年08月25日	11	藤井寺	10.0
2	2002年09月21日	12	焼山寺	13.0
	2002年09月22日	13	大日寺	27.0
	2002年09月23日	14	常楽寺	3.0
		15	国分寺	0.8
		16	観音寺	2.0
		17	井戸寺	3.0
		18	恩山寺	19.0
	2002年09月24日	19	立江寺	4.0
		20	鶴林寺	14.0
		21	太龍寺	7.0
	2002年09月25日	22	平等寺	12.0
3	2002年10月05日	23	薬王寺	21.0
	2002年10月06-09日	24	最御崎寺	80.0
4	2002年11月03日	25	津照寺	6.5
	2002年11月04日	26	金剛頂寺	4.0
	2002年11月05-06日	27	神峰寺	28.0
5	2002年12月30-31日	28	大日寺	38.5
	2003年01月01日	29	国分寺	9.0
		30	善楽寺	7.0
		31	竹林寺	6.6

回数	日付	寺番号	寺名	寺間距離
5	2003年01月02日	32	禅師峰寺	6.0
		33	雪蹊寺	7.5
		34	種間寺	6.5
	2003年01月03日	35	清瀧寺	9.8
6	2003年01月17-18日	36	青龍寺	14.5
	2003年01月19-21日	37	岩本寺	58.0
7	2003年06月04-07日	38	金剛福寺	87.0
8	2003年07月09-11日	39	延光寺	56.0
	2003年07月12-13日	40	観自在寺	30.0
9	2003年09月11-13日	41	龍光寺	50.0
		42	仏木寺	3.0
	2003年09月14日	43	明石寺	11.0
10	2003年11月11-13日	44	大宝寺	85.0
	2003年11月15日	45	岩屋寺	10.0
	2003年11月16日	46	浄瑠璃寺	26.0
11	2004年02月13日	47	八坂寺	1.0
		48	西林寺	4.5
		49	浄土寺	3.5
		50	繁多寺	2.0
		51	石手寺	3.0
	2004年02月14日	52	太山寺	10.5
		53	円明寺	2.5
	2004年02月15日	54	延命寺	34.5
12	2004年02月27日	55	南光坊	3.5
		56	泰山寺	3.0
		57	栄福寺	3.0
		58	仙遊寺	2.5
		59	国分寺	7.0
	2004年02月28日	60	横峰寺	33.0
	2004年02月29日	61	香園寺	10.0
		62	宝寿寺	1.5

回数	日付	寺番号	寺名	寺間距離
12	2004年02月29日	63	吉祥寺	1.5
		64	前神寺	3.2
13	2004年03月11-13日	65	三角寺	45.0
	2004年03月14日	66	雲辺寺	20.0
		67	大興寺	9.5
14	2004年07月30日	68	神恵寺	8.7
		69	観音寺	0.0
		70	本山寺	4.5
	2004年07月31日	71	弥谷寺	12.0
		72	曼荼羅寺	3.5
		73	出釈迦寺	0.5
		74	甲山寺	2.8
	2004年08月01日	75	善通寺	1.6
		76	金倉寺	3.8
		77	道隆寺	4.0
		78	郷照寺	7.2
		79	天皇寺	6.0
15	2004年08月06日	80	国分寺	6.6
	2004年08月07日	81	白峰寺	6.5
		82	根香寺	5.0
	2004年08月08日	83	一宮寺	12.5
	2004年08月09日	84	屋島寺	13.5
		85	八栗寺	7.0
	2004年08月10日	86	志度寺	7.0
16	2004年08月13日	87	長尾寺	7.0
	2004年08月14日	88	大窪寺	15.5

一番　霊山寺

三十八番　金剛福寺（足摺岬）

二十四番　最御崎寺（室戸岬）

八十八番　結願の大窪寺

あとがき

日建設計を退職して二十年以上経ちましたが、今も日建設計の活動を示すJournalやQuarterlyを送っていただいていて、これを見ていますと、筆者が現役であった二十世紀末までの活動とはかなり変化していて、驚くような大プロジェクトに参画されているように思います。また、日建設計の土木部門も目指される方向が筆者の在籍していた頃とはかなり違ってきていて、昔に比べより計画的なプロジェクトへの参画を目指しておられるように思えます。

本書を書き始める時には何か後輩に役に立つ言葉をと考えていましたが、このような現状を考えますと全く自信がなくなりました。したがってこれから述べますことは、教訓めいた言葉ではなく、土木部門で、構造物の設計、施工監理を目指す方々へのメッセージ程度に考えてください。

筆者は国内外の多くのプロジェクトに携わることができましたが、これらの多くは民間の仕事でした。良いプロポーザルを出せば、より多くのビジネスチャンスが生まれました。幸い、必死になってプロポーザルを作成した結果、素晴らしいプロジェクトに参画できたと考えています。経済的に施設を建設する過程で、最も重要なのは基本設計です。この段階で、しっかりと経済的になる設計方針を定めて、全体の設計をまとめることが一番のポイントです。

日本の公共事業も、計画、設計、施工監理の作業を一貫して考えられる時が来ると期待しています。この時がコンサルタントには大きなチャンスです。しかし、これからの競争相手は相当強敵になると思います。海外のコンサルタントも参画され、大変な競争になります。日々の研鑽を怠ることなく、種々の作業を経験され、また作業から得られた結果はできるだけ学会で発表されるなどして技術力を高められることが大切だと思っています。強力な技術力で競争に打ち勝つ体制ができることを願っています。

日建設計土木のルーツは大阪北港株式会社です。筆者はこの技術、すなわち、港湾や地盤に関する技術を継承し、さらに発展させ、地下鉄などの鉄道施設、タンク基礎や鉄鋼基礎の設計・施工監理の技術を習得し、これを次の世代に書き残すことができ、ありがたく思っています。

本書を書き終えて実感していますことは、「よう働いてきたな！」ということです。筆者が相当忙しい生活を続けてこられたのは、四〇年以上にわたって我が家の健康管理をしていただいています山岳部の先輩で医師の斎藤惇生先生のおかげです。心から感謝しております。

出版にあたり、昔からの仲間の杉山郁夫さんから貴重な助言を、また、掲載した図面や地図などは、重野輝貴さんと白石修次さんに作成していただきました。ありがとうございました。

最後になりましたが、この回顧録をまとめるにあたり、㈱竹林館代表取締役社長の左子真由美さんに大変お世話になりました。筆者は技術書ではなく、一般書として書いたつもりでしたが、諸般の事情により何回か書き直さねばなりませんでした。これをその都度気持ちよく受け入れてくださり、励ましていただきました。さらに、素晴らしい表紙をデザインし、帯書を用意していただきました。原稿作成全般にわたる適切なアドバイスと激励のお力添えがなければ、出版にまでたどりつくことはできませんでした。また、編集担当の松井美和子さんには、筆者の荒い原稿の「てにをは」のチェックから写真の配置、編集など手間のかかる作業でご苦労をおかけしました。ここに心から御礼の意を表します。ありがとうございました。

二〇二四年二月

小澤　良夫

小澤 良夫（おざわ よしお）

Ph.D.（工学博士）、技術士、土木学会名誉会員

1937（昭和 12）年　京都生まれ
1961（昭和 36）年　京都大学工学部土木工学科卒業
1963（昭和 38）年　京都大学大学院工学研究科修士課程修了
1963（昭和 38）年　㈱日建設計入社　土木設計事務所配属
1970（昭和 45）年　米国カリフォルニア大学バークレー校留学のため休職
1973（昭和 48）年　米国カリフォルニア大学バークレー校大学院博士課程修了、Ph.D.
1973（昭和 48）年　㈱日建設計復職　土木設計事務所
1987（昭和 62）年　㈱日建設計　取締役　土木設計事務所長
1993（平成 5 ）年　㈱日建設計　常務取締役　土木設計事務所長
1996（平成 8 ）年　㈱日建設計　常務取締役　環境技術担当
1997（平成 9 ）年　㈱日建設計　常務取締役退任、技術顧問就任
2002（平成 14）年　㈱日建設計　定年退職
2002（平成 14）年　㈱構造地盤研究所代表取締役　現在に至る

1974（昭和 49）年～ 1999（平成 11）年　名古屋大学非常勤講師
1995（平成 7 ）年　米国ヴァージニア工科大学　Geotechnical Leadership Program 講師
1997（平成 9 ）年～ 2005（平成 17）年　立命館大学客員教授
1998（平成 10）年～ 2003（平成 15）年　琉球大学客員教授

誰も知らない日建設計土木──その歴史と、ある土木技術者の奮闘

2024年3月20日　第1刷発行

著　者　小澤良夫
発行人　左子真由美
発行所　㈱竹林館
〒530-0044 大阪市北区東天満 2-9-4 千代田ビル東館 7階 FG
Tel　06-4801-6111　Fax　06-4801-6112
郵便振替　00980-9-44593
URL http://www.chikurinkan.co.jp
印刷・製本　モリモト印刷株式会社
〒162-0813 東京都新宿区東五軒町 3-19

ISBN978-4-86000-511-5　C0095